ココロでわかれば、人は“本気”で走り出す！

～人を教え伸ばす力は「感動」にあった～

木下晴弘

はじめに

私が進学塾の講師として教壇に立っていたのは、昭和の終わりから平成半ばにかけての16年間である。そして、その後半の10年間は経営にも携わった。

現在、その経験をもとに社会人や学生への講演活動を行うかたわら、出版物や教育サービスを全国で展開する上場企業の学習塾ホールディングス顧問として、教育現場に身を置いている。

この十数年で教育を取り巻く環境は激変した。2020年の大学入試改革に加え、ICTやAI技術が急速に浸透し、教育現場ではまさに100年に一度の〝地殻変動〟が起きている。

通常のキャンパスを持たず、すべての授業がオンライン。「エドテック」と呼ばれる先端技術を駆使し、世界中を渡り歩きながら授業を受ける型破りの教育スタイルで、世界中の優秀な学生たちを集める大学が誕生し、そこにはハーバード大学などの名門校を蹴って学生たちが集まってきている。

つまり、教室がないのだ。

私が教鞭をとっていた時代、授業にはまず教室が必要であった。そこには黒板があり、チョークがあり、椅子と机があった。生徒が集まり、教師が入室し、チャイムが鳴って、挨拶があって・・・しかし近い将来、その常識は根底から覆されることになるかもしれない。

だが、忘れないでほしいことがある。

人を導くのは、やはり人なのだ。人の心に灯を点せるのも、やはり人しかいないのだ。この本質は、おそらく永遠に変わらない。

ということは、立場が上の人間は、立場が下の人間をうまく導く必要があるということになる（もちろん立場が下の人間も、心構えは重要だ）。ところが、この「うまく導く」というのが難しい。

「おいっ！　授業が始まるぞ。席に着け！　ノートを出せ！」

生徒に対し、かつて何度も言ってきた。

「おいっ！　この企画の提案書はいつ出るんだ？　さっさと仕事をしろ！」

部下に対して、かつて何度も言ってきた。

そしてあるとき気付いたのだ。席に着いてほしいのも、ノートを出してほしいのも、早く仕事をしてほしいのも、全部自分がしてほしいことで、相手がしたいと思っていることではないんだ……と。

言われる当の本人も、実は頭ではわかっているのだ。でも行動につながらない。なぜだろう？　考え続けた。

そしてある日、思いついた。

そうか、ココロが理解してないんだ！　人間はアタマでわかっても、ココロでわからんと行動できない生き物なんだ！

さらに考え続けた。

「ココロでわかって行動するって、いったいどういう状態なんだろう？」

そしてひとつのキーワードにたどり着いた。

「感動」

字のごとく、まさしく「感じ」「動く」ことである。

つまり、目の前に立ちはだかるハードルに対して、それを乗り越えることが持つ意味を「感動」とともに伝えてやればいいのだ。しかし「感動」してココロが動いて、やる気が出たとしても、どのようにやればよいかが分からなければ効率的に動けない。

そこでもう一つのキーワードにたどり着く。

「理論」

これは「理（ことわり）」を「論（説明）」ずることである。

つまり、目の前に立ちはだかるハードルが、どのような要素で構成されていて、それをクリアするために、どんな知識がどの程度必要で、それらを各要素にどう適用すれば解決できるのかを整然と伝えてやればよいのだ。


そうか！

「感動的突破」と「理論的突破」を同時に起こせば人は動くんだ！


その日から私の取り組みが始まった。

いったいどうすれば人は「感動」するのか？

そして、どうすれば理論を「整然」と伝えられるのか？


これには苦労した。いろんなことを試した。数多くの失敗があった。そしてうまくいったことに共通する、ある「方程式」を見い出した。

本書は、その方程式を「事例」とともに書き記したものである。


「生徒指導が思うようにいかない先生方」

「部下の指導に手を焼いている上司の方々」

「子どもの教育に行き詰まりを感じている保護者の方々」


ぜひ、今までうまくいかなかったアプローチをいったんリセットして、本書のなかに書かれているアプローチを試していただきたい。

ただし、私が立っていたステージは塾の講師であり、この世に数多く存在するステージのほんの一つでしかない。

つまり、「方程式」をそのまま適用してもうまくいかないこともなかにはあると思う。しかし、それを構築する「考え方」はあらゆるステージに有効であると確信している。どうか自分なりにやり方を工夫して、実践していただきたい。

とはいえ、私自身いまだにうまく事が運ばず、悩むこともたくさんある。本書に書いてあるような対応が、いつでもできる高尚な人格など持ち合わせていない。

しかし、気づいたときにアプローチを意図的に変えるよう努力はしている。そうすることによって、たとえ最初はそれがほんの少しであっても、必ず変化が生じることを知った。「方程式」でうまくいかない時は、少し視点を変えてみるのも有効だろう。

本書をきっかけに、さらに多くのみなさんの人間関係が〝しなやか〟になり、幸せな未来を迎えるきっかけとなることを願っている。

木下　晴弘

◆目次

1章 「感動」は人間関係から始まる

1 人間関係を良好に保ち、魂を揺さぶれ

2 どうすれば感動が生まれるのか

2章 信じられない力を生み出す「感動の力」

3章　「言葉」ひとつで人は走り出す

4章 人生を豊かにする視点

終章　人はココロで突き進む～受験生S君の話

※本書は２００４年に総合法令出版株式会社より刊行された『ココロでわかると必ず人は伸びる』を再編集、一部加筆、改題したものです。

序章

人を教え伸ばす力は「感動」にあった

1　人は「感動」で動くことを、身をもって知る

◇生まれて初めて知った「授業って面白い！」

私が教えることに強い興味を持つようになったのは大学に入る前からである。実は私は大学の受験浪人を三年も経験している。今思えばひどい話だが高校では全く勉強せず、成績は全教科、かなり悪かった。

特に化学は落第寸前だったのを、何とかレポート提出でごまかし卒業させてもらったくらいである。ところが卒業した年の大学受験では当時の共通一次試験で、自分でも理由がよくわからないのだが化学を選んだ。

ほかの教科も勉強していないのだから、それで受かるはずがない。全国の受験生の中でもおそらく最下位に近い成績で、ボロボロの状態なのだが、なまじ高校が進学校であったため、何も考えずに周りの友達の雰囲気に流されるように、京都大学を受けた。共通一次試験の化学の得点はなんと二七点。今でも覚えている。箸にも棒にもかからない成績で見事に散り果てた。

ところが、それでも私はS予備校に入ってまた化学を取った。しかも最初に三年浪人したといったが、一年目、二年目はスッテンテンに遊び倒した。おバカである。授業にちゃんと出たのは最初の一週間だけ、あとは勉強しないのである。

朝の一〇時には近所のパチンコ屋に並んで店が開くのを待つのだからどうしようもない。

そんな私でも、せっせと出席した授業が一つだけあった。それが北山先生という、皮肉にも化学の授業である。

その第一回目のとき私は、授業を面白くするためには五感のすべてを使って教える先生の姿に、「すごい、この授業は！」と大変なショックを受けた。

とにかく面白い。先生の歌って踊る愉快な授業は笑いながら、それでいてきちんと授業内容は頭に入ってくる。教えるぞという先生の気迫もすごい。楽しくて、楽しくて、化学の授業だけは一年間ずっと一回も休まず出席した。


その成果が翌年の共通一次試験で表れた。なんと化学で満点を取ったのである。思いもよらない大変身だが、私がしたのは授業を聞くことだけ。教室で聞いているだけなのに北山先生の化学ワールドにグイグイ引き込まれてしまった。

翌年も三浪目の年も、化学だけは勉強しなくても確実に満点が取れた。実際せっせと勉強したのは最初の一年だけで、あとは全く勉強しなくてもすむくらいに学力がついた。

「化学ってこんなに面白かったのか」

私は心の底から感動し、「こんな教え方、自分もしてみたい」と思うようになった。

これが教育への興味をかき立てられた第一歩だった。

◇講師の試験に受かって大学は不合格

一浪目の大学入試がすんだ直後、神戸大学に進んだ親友が私にアルバイトを持ちかけてきた。
「木下も一年間頑張ったんだから試験は合格に決まっている。今のうちにアルバイトを決めておこう」

実際はサボり倒していたのだから、合格などできるはずもないのだが、入試が終わった開放感から、おバカの私は、まだ合格発表の前だというのにすっかりその気になった。

ちょうどそのときH学園という塾が講師を募集していた。H学園は関西でも有数の進学塾である。受けてみたらアッサリ合格した。ところが肝心の大学のほうが合格しない。現役の失敗に続いてまた落ちてしまった。パチンコなどで時間をムダ遣いしていたのだからいい結果が出るわけはない。

二浪が決まってみれば、いくらなんでも受験生の身で塾講師はできない。今度は勉強に身を入れることにした。

ところがまたまた二年目も京都大学に落ちてしまう。

「来年は三年目だ。何とか大学に入らないとどうしようもない」

ようやく危機感を持った私は、私立大学を手あたり次第受験し、ついに合格を許可してくれたのが同志社大学である。

これで再びH学園の採用試験を受けて、晴れて講師生活がスタートした。

◇講師の世界は厳しい階級社会

H学園はトップを争う名門塾だから講師の採用試験は厳しい。だが講師になってからの昇進システムはもっとシビアだった。

最初は三軍からスタートする。三軍というのは見習いみたいなもので、先輩講師のアシスタントとテストの監督、そして採点しか担当できない。

そこからどうやって昇進していくのかというと、テストが終了したあと、問題の中から一問だけ生徒に解き方の説明をすることができる。それを先輩講師が見て「こいつは講師としてやっていけるか、いけないか」を判断するのだ。ＯＫとなれば今度は二軍に上がる試験が受けられる。

たった一問だけのチャンスだから逃すわけにはいかない。私の場合はＷさんという先輩講師についていた。そのＷさんが、責任者の部長に「彼なら絶対いける」と進言してくれたのである。Ｗさんのことは今でもよく覚えている。

「二軍になる試験を受けてみろよ」

言われてありがたく二軍登用試験を受け、めでたく合格することができた。だが、まだまだ先がある。

二軍の講師にはまだ経験が浅いということで、最難関を受験する生徒たちが集まったクラスは受け持たせてもらえない。難問を様々な角度から解説する力が要求されるからである。

となると必然的に、最難関の灘や甲陽を目指すような学力上位のクラスは、ベテラン講師や優秀な一軍講師が受け持つことになる。

講師は厳格な階級社会になっていて、二軍から一軍に上がるには生徒からの人気アンケートで高い支持を得る必要がある。高得点を維持すると一軍へのお声がかかるのだ。逆に得点が六〇点を下回ると退職させられるという厳しい制度になっていた。ただし救済策としてペナルティ研修があり、これを受けて欠点を克服すれば復帰できる仕組みもあった。研修にはふつう、賃金が出るのだが、この場合ペナルティなので一円ももらえない。

私も当初ペナルティ研修をイヤというほど受けた。そのとき見学させてもらった先輩講師の素晴らしい授業は、あの北山先生の化学の授業を思い起こさせるものだった。どのような授業であったかの詳細は後述するが、私はそれまで北山先生の授業で受けた感動を忘れていたのだ。

2　惰性のルーチンワークでは人は育たない

◇憧れの指導講師のポスト

最高の合格実績を誇るH学園では講師のレベルも高かった。当時、講師は学生が多く、だからなんとなく大学のサークル活動みたいな雰囲気があふれていた。そのなかで学生を最高レベルの講師に育てる仕組みがガッチリできあがっていた。

ではは学生講師を育てるのはだれかというと、これも同じ学生講師なのである。

専業の先生も何人かはいるが、授業を受け持つほかに管理の仕事も兼務しており、カリキュラムにどこか不備な点はないか、テスト問題のチェック、そのほか運営にかかわることなど全般にわたって見ている。

ということで、教室の現場で生徒たちとワイワイガヤガヤ、実際に授業を進めていくのはほとんど学生講師の役割になる。

しかしサークル的といってもそれは雰囲気だけのこと。講師の間には厳しいランク付けがある。

一番上が「指導講師」。これは後輩の学生講師を指導できる地位で、勉強会を自分で主催することができる。

たとえば「数学科の勉強会を開きます」と指導講師が通知すると、下位ランクの、いわば未熟な学生講師はみな出席する。出るか出ないかは本人の自由なのだが、やはり勉強しないとなかなかレベルが上がらない。みな良いポストにつきたいので自発的に参加するのだ。

勉強会では学習単元ごとに、何を、どのように、どのタイミングで教えていくかといったことを指導講師が伝えていく。

胸には「指導講師」の名札がつけられ、一軍講師の中でも、トップ講師であるのが一目でわかる。学生講師の頂点にあるわけだから、それは大変なステータスだ。講師のだれもがそれに憧れて努力する。生徒ばかりでなく先生たちも、こうした厳しい教育システムで育てられるのである。

◇学生講師の入れ替わりでマンネリ防止

一般の会社でも似たシステムを採っているところはあると思う。学生講師の場合、ちょっと違うのが、次々と学生が代替わりするという点にある。学生は四年とか、医学部だったら六年で卒業し、多くが就職して塾講師を離れていく。

どんなに優秀でも短いサイクルで人が入れ替わる。ふつうの会社ではあまり歓迎されないだろう。せっかく手間ヒマかけて育てた一線の人材が去ることは大きな痛手になる。マイナスだと考える。

しかし私は逆に、次々と世代交代するのは非常にいいシステムだと思っている。なぜなら、先輩がいなくなることで後輩が育つからである。その講師がまた後輩を育てて塾を去り、また次の世代が伸びていく。

もちろんベテランに比べれば新しい講師は技術的に未熟で、しっかり生徒に教えることができるか不安は大きい。しかし反面、彼らはとても新鮮な気持ちを持っている。熱い心で授業にあたり、決して惰性の仕事をすることがない。これが教育者として何より大切なのである。

といっても、なかには熱意をあまり感じない人もいる。特に遊ぶお金のためだけにバイトをしているような学生に限って、惰性の授業を繰り返していたように思う。授業前に「ああ、しんどいなあ」とか、ため息つきながら腰を上げるような光景をよく見かけたものだ。

そんな先生に子どもたちは何を感じるだろう。触発されて「よし頑張るぞ」と思うだろうか。惰性のルーチンワークでは人は育たないのだ。

その点、やはり下から頑張って一軍に上がったばかりの学生講師は生き生きして、とても元気な授業を見せる。当然、生徒たちは刺激を受ける。私が北山先生の授業からもらったような面白くて情熱あふれた授業に感動を味わうのだ。

◇四〇日で銀行を去り、感動を追い求めて講師の道へ

四年後、大学卒業のときがきた。指導講師にまで昇りつめた職場ともお別れである。お世話になったH学園を去り、勤めたのが銀行である。配属は支店の業務部で、お金をひたすら数える日々が始まった。しかしお札を数えるという仕事がどうしても私には味気ない。

もちろんそんな無味乾燥の作業が一生続くわけでないのは承知している。しかし塾講師の仕事は涙あり、笑いあり、感動ありでとにかく熱かった。

お札や数字を相手にしてもそういう熱さは感じられなかった。すぐに「銀行は俺に向いていなかったかな」と疑い始め、たった四〇日で突然、辞表を支店長に差し出

した。

「君、自動車免許の合宿教習じゃないんだよ。四〇日くらいで銀行業務の何がわかるの？」

支店長に言われたが全くそのとおり、私の辛抱が足りないのである。でも、もうどうにもならない。

「何もわからないから辞めるんです」

意味不明のことを言って退職を決めてしまった。銀行関係者の方には申し訳ないが、どうしても自分には向いていないと思った。

たった一カ月半足らずで失業である。もちろん次の就職先など決まっていない。そもそも「辞表を出そう」と決心したのがその日の朝、家を出るときだった。辞表の書き方だって全然わからない。窓口業務の先輩女性に「辞表の書き方を教えてください」と申し出て驚かせた。

「エエーッ！」「何しろ辞表を書くのは初めてなので」

「やめるって冗談でしょ。いつ？」「今」

こんな泥縄で辞表を出したのである。両親にも話していない。二人とも今は他界したが当時、両親とも身体障害の認定を受けていた。父は重い糖尿病のために人工透析を頻繁に受け、母は指が曲がるほどのリュウマチをわずらっていた。

だから自分から退職したと話したときは大変だった。


「ちょっと話があるんや」

こう切り出し、事の経緯を話し始めたとたん「エエエーッ！」と絶叫が上がり、この日、二回目の叫び声を聞いた。

まだそのとき健在だった明治生まれの祖父ともども、家族はみな昔風の感覚が強く、銀行は最高の勤め先だと信じていた。だから就職が決まった際には大喜びしてくれた。それに私は三年も浪人したドラ息子である。銀行への就職は父母たちにとって、待ちに待った逆転ホームランであったことだろう。

ところがたった四〇日で、それもすでに「辞めてきた」というではないか。「アホか、許さんぞ！　お前、今後のことをどう考えているんだ！　バカ者！」と言って父は激怒した。

いつも先のことなど考えずに刹那的な生き方をしてきた私は、このときようやく自分と向き合うことになった。

「自分は何者で、いったい何がしたいんだろうか？」

そこで振り返ってみると、やはり自分は人間を相手にする、熱く感動が巻き起こる世界が好きなのだと痛感した。であれば教師という仕事をやるしかない。おぼろげだった気持ちが固まった。

とはいえ、これは自分のなかで決めたことで別に就職先にあてがあったわけではない。教員免許を持っていなかったから、「どこか塾を探そう」というちょっと頼りない決心だった。

ところがそんな矢先、どこから聞きつけたのかH学園の人事部長から電話がかかってきた。

「すぐに戻って来い。責任者のポストも用意してあるから」

私が銀行を退職したことを友人が塾に話していたらしい。学生講師時代の成績を高く評価して誘ってくれたのだ。本当にうれしかった。

この電話で私の専任講師生活が始まった。しかも初任給は六〇万円。銀行員の初任給が一七万円で、学生講師のときは月四〇万円くらい稼いでいた。それがさらに上がったのである。もちろん逆戻りしたのはお金のためではない。今度こそ本当に楽しい、やりたい仕事に就くことができた。

そうして今に至るまで教育を深く考えていくことになった。私は感動の力こそ、人の意欲を引き出す最も大事な根本と考えるようになった。人間は心で動いている。心を動かせば人間は動くのである。

1 章

「感動」は人間関係から始まる

1　人間関係を良好に保ち、魂を揺さぶれ

◇険悪な人間関係に、感動は生まれない

さて、感動と一言でいうが、あなたは嫌いな人から感動を受けたいと思うだろうか？
おそらく答えはノーだろう。

人間関係をザックリと3パターンに分類すると、「険悪」「ニュートラル」「良好」のいずれかである。この中で、状況が「険悪」である場合、相手に感動的突破を引き起こすことは、不可能ではないが難易度が高い。人間は嫌いな人から感動を受けたく

ない生き物なのだ。だから、感動を生み出すような伝え方をしたいのであれば、少なくとも人間関係を「ニュートラル」か「良好」の状態に持っていかねばならない。

事実、私もこのハードルに見事に引っかかった。

H学園には確かに優秀でやる気満々の生徒や児童が多かった。しかし実のところ、習熟度が未熟なクラスには、親から強制されイヤイヤ通う生徒も混ざっている。だれもがみな最初からやる気満々というわけではないのだ。

やる気がないから授業開始のチャイムが鳴っても教室に入らない。席にも着かない。なかにはマンガを読んでいる生徒もいて、とにかく言うことを聞かないのである。私は学生時代、初めて二軍講師になった当初は、そんなクラスの担当からスタートした。

「オイ早く席に座れ、テキストを開きなさい、ノートがまだ閉じたままじゃないか、コラ、ちょっと待て、何をしている」

こんな調子で生徒のやる気を出そうと声を枯らしたものだ。

しかし視点を変えてみるとそれは全部、私が生徒にしてほしいと望んでいることである。もちろん生徒のために良かれと思ってのことなのだが、決して生徒が自らしたいと思っていることではない。

要するに強制的視点で生徒に向かっている。これでは生徒が本当に勉強しようとは思わない。私の言うことを聞こうとは考えない。そこの認識が重要なのである。

まあ、いかにも腕力のある怖そうな先生なら、イヤイヤでも生徒は席に着きノートを開くだろう。だがそれでは何の意味もない。生徒の耳はふさがり、心には固いバリアが築かれる。すると、どれほど熱意を込めて何かを伝えようとしても、言葉ははね返され心はそっぽを向く。こうしたことは親子、上司と部下など、どんな関係でも同じだと思う。

◇生徒の評価たった六〇点！　ダメ講師はなぜ叱られた

その当時のことでは痛切な思い出がある。塾では二カ月に一度、生徒が講師を評価するアンケートが行われる。評価は点数で表され、六〇点を切るとクビになることは前に述べたとおりである。

私はアンケート評価でその六〇点、つまりクビ寸前の最低評価を受け、ペナルティ研修を何度も受けたことも伝えたが、そのとき生徒から「僕たちの成績を上げたいと思うなら、先生が塾をやめてくれないか」と言われてしまった。

こうなったらもうまともな指導など成立するはずもない。そして、辛い。待つ者がいない教室に向かうのは本当にイヤなものである。

そこでつい「みな授業を聞いてくれない。あんなやる気のない生徒たちを持たされて運が悪かった」と、グチを先輩のY講師の前でもらした。すると先輩は慰めてくれるどころか、こうどなった。

「授業は最初の一分で決まる。木下、お前はその一分で生徒の心をつかんでいないだろう。魂を揺さぶっていないだろう。だから時間がもたないんだ」

指摘はまさに的確だった。さらにもう一つ言われた。

「授業は心や。ワザも大事だが、心がなかったらワザは生きない」

押しつけや強制では人は本気で行動しない。自分で感じて動かなければ成果は上がらない。

しかし私は生徒を力づけ、自発的に行動を起こすようにサポートする指導というものがわからなかった。ワザも心もなく、生徒に対して押しつけの、退屈な授業をしていたのだ。

◇「ダメ」講師から「感動トップ」講師へ駆け上った理由

むろん当時の私にとって、指摘の深いところまですべて理解できたわけではない。しかし間違っていたことはわかる。

反省した私はその先輩の授業を見せてもらった。するとア然である。まさに目からウロコ。教室の入り方、挨拶、注意の引きつけ方などすべてが違う。そこには生徒との「良好」な人間関係を築くためのノウハウが満載で、「ああ、こうやるものだったのか！」と感じ入った。

雷に打たれたようなショックを受けた私は先輩の授業をすべてテープに録音し、毎日行き帰りの電車やバスの道中で聞くことにした。また、自分なりに足りないところを精査した。そうしてあれこれ工夫を加え、根本から練り直したのである。

すると何カ月かして生徒たちの評価が一転した。支持アンケートの点数がほとんど一〇〇点になり、悪くても九九点か九八点より下がらない。ずーっとその高得点が維持できるようになったのである。

おかげで二年目には灘校など難関を狙う最上位クラスの受験生をまかされるようになった。自慢するようで気が引けるが（でも自慢している）、花形講師の誕生である。あとは塾の講師をやめるまでの長い間、常に高支持率を維持することができた。

このとき以来、私が最も大切にしているキーワードが「感動」である。というと、とたんに禅問答まがいになりそうだが、授業のテクニック云々の前に、まず生徒との人間関係を良好にし、そして心をつかんで揺さぶることがどれほど大切か悟ったのだ。

まさに先輩の授業にはその要素がてんこ盛りになっていた。

感動という言葉は見てのとおり、感じて動くと書く。感じるのはもちろん人間。動くのは心。「感じれば心が動く」というわけである。そして心が動けば体も動く。すなわち行動に表れる。

昔から多くの人が感動によって大きなことを成し遂げてきた。実業家なら功成り名を遂げた大実業家の成功に感激して「よし自分もビッグになるぞ！」と頑張った。科学者や、あるいは音楽、美術の芸術家にしても、ただ頭がいいとか才能があっただけではない。何かに感動して触発され、突き動かされて頑張ったのである。

たとえば心で感じていない状態というのは、子どもが「お父さん、お母さんの言うことをよく聞きなさい」と言われ、頭ではわかっていながらなかなか実行できないという例のようにいくらでもある。

しかし、もし事故で親が死にかけたとしたら、子どもは必死に祈るだろう。

「お父さん、お母さんを助けてください。助けてくれたら親の言うことをちゃんと聞きます」

そうして親が助かったら子どもはどうなるか。涙を流して感動し、たとえ喉元を過ぎるまでの短い期間だけでも心からいい子に変身するだろう。

あるいは叱られると覚悟したとき、思いがけずいたわられたら、子どもは感じ入って心から反省するかもしれない。

勉強でも同じだ。易しい問題で正答したとき、思いもよらず先生が「オオッ大正解！すごい」なんて褒めてくれれば、気恥ずかしい反面、きっと感動するだろう。実際、試験でたまたま、まぐれで良い成績を取ったところ、先生が本人以上に大喜びし、その感動から猛勉強を始め成績がアップしたというような例はたくさんある。

そして、一度良好な人間関係が築かれれば、プラスのスパイラルが発生する。感動が起きやすくなり、感動すれば先生がさらに好きになり、その教科も好きになる。好きになれば勉強したくなり成績がアップする。つまり理屈で「勉強しなければ」と思うより、何かに心を揺さぶられ「勉強するぞ」というほうが意欲が出てくるものだ。

うれしいときでも悲しい状況でもいい。人は泣くほどの感動を体験すると、一皮むけて仕事でも何でも自発的に頑張るようになる。そのことを私は面白い授業を模索する過程で確信するようになった。

◇人間関係が「ニュートラル」のときが勝負だ！

では人間関係を「良好」に持っていくにはどうすればいいのか。

いろいろ試したが、行きついたキーワードはたった一つ、「本気」。時間はかかっても、指導する側の「本気」は必ず相手の心の扉を開く。常に相手に対して真剣に本気で指導に取り組むのだ。言いかえると、相手の幸せのために、自分の人生時間を犠牲にする覚悟を決めること。そのうえで、素のままの自分をさらけ出して、いい格好をしようとしないことだ。

出会った最初は、たいていの場合人間関係は「ニュートラル」である（まれに険悪からスタートするときがあるが、それだけに第一印象や装いは大切だ)。このニュートラルのときに、人間は「よく見られたい」という願望がはたらき、繕った自分を演出してしまいがちだ。

たとえば見ず知らずの教師が現れたとして、すぐに生徒から活発な意見が出てワイワイ盛り上がる授業はできるだろうか。到底できるものではない。生徒は教師に対して最初は少し後ろの位置に下がり、教師を見定めようとするからである。

もし生徒がそういう一歩引いた状態にあるうちから自分を良く見せようとして「よし俺の授業で感動させてやろう!」と意気込んでも空回りするだろう。場合によってはそれが原因で険悪な状況になることもある。

「指導する側は完璧でなければならない」などと思ったところで、実際人間なんて欠点のかたまりである。それでいいのだ。欠点をさらけ出して、泣きながら歯を食いしばって、それを克服していく姿を相手に見せるのだ。

「この人は、自分を繕わない人だ」と相手が思った瞬間、生徒からの感情移入が起きる。

この感情移入ということについては講師時代、映画を題材にしてみなで研究したことがある。「なぜ映画を見て人は感動するのか」というわけだ。平凡ながら、結局は主人公や登場人物に観客が感情移入するから感動するのだという結論に至った。つまりスクリーンのなかにいる相手と人間関係ができているのである。

だから「授業が面白い、もっと先生の授業を受けたい」と思わせるには、生徒になるべく早くこちらへ感情移入してもらうことが求められる。講師の側からいえばそれが人気講師になる第一歩となる。

ではどうすれば感情を共有してもらえるのかというと、まずはこちらが相手に感情移入しなくてはいけない。相手のことを他人ごとと思っているうちは、相手もこちらに対してよそよそしい態度で接するだろう。

そのためにも、話すときはなるべく疑問の形で語りかけるとよい。一方的にこちらが話を進めるより、「どうだろう?」「○○君はどう思う?」と問いかけると、相手もよく応えてくれる。

そして、そのとき出てきた相手の答えを否定してはいけない。もし自分の意見と違っていても「君はそう感じるんだね」と相槌を打つ。だれだって人の話を聞くより自分が話したい。自分の話を聞いてくれる人間は大好きになる。

逆に「俺は」「私は」と一方的にしゃべる人の話などだれも聞きたくないのである。教師と生徒の関係でも基本は同じである。「教師＝教える人」「生徒＝教わる人」というパターンに縛られることはない。

またのっぺり無表情に語るよりは、喜怒哀楽を大きくハッキリ示すほうが効果的だ。例えば出題した問題を生徒が解いたとき、無表情で「あっそう、できた？」と言うのではなく、表情豊かに「おおーっ、できたなあ！」とやれば、セリフは同じでも伝わるものは全然違う。まさに感情が共有され、いっぺんに人間関係が築かれる。

一見何でもないようでいてこれらのことはとても重要だ。人を動かすには心がなければダメだし、技術も欠かせない。このときの心は、本気という心だ。そして最初に人間関係をうまく構築することができれば後はどんなこともグッと楽になるだろう。

◇こうすればイヤでも生徒と固い絆が築かれる

生徒との人間関係を早くつくらせるとともに、その大切さを実感させる秘策として、私は新人講師に小六とか中三という受験学年を一年間担当させる。ただし、いきなり授業は無理なのでアシスタントとして放り込む。

そして必ず生徒のノートチェックを命じ、一回ごと、一冊一冊に生徒への意見をしっかり書かせるのである。

この場合、判で押したような決まり切った文句や、短い「頑張れ!」なんておざなりのコメントは絶対に書かせない。それぞれにキチンとしたコメントを書くには、生徒の顔や名前から始まって、すべてのことを把握していなくてはならない。これには相当なエネルギーがいる。しかしまさにこれこそが、相手のために自分の人生時間を使う覚悟なのだ。そして、相手をよく知るにつれて当然親しみが湧いていく。

そうこうしているうちに一年がたち入試がやってくると、当日は新人を会場に連れて行き、生徒に励ましの声をかけさせる。生徒のなかには緊張と冬の寒さでガタガタ震える子も大勢いる。一人ひとりに「大丈夫、いけるで」と握手して試験会場へ送り込ませるのだ。

そして合格発表の日が総仕上げとなる。毎年のことながら、合格した子どもたちは感極まって泣きじゃくり、お父さん、お母さんたちも一緒に涙を流す。そしてグシャグシャの涙顔のまま私たち講師に向かって「ありがとうございました」と何度も頭を下げてくれる。

そのとき、新人に言うのである。

「見てみろ、お金払ってもらって、頭下げてもらって、涙流して先生、先生って呼んでくれる。こんな贅沢な仕事がほかにあるか？　にもかかわらず、仕事がきついとか、生徒対応が面倒だとか思ってたら、バチ当たるよなあ」

すると彼らもともに泣き、この日を境にガラッと変貌する。一皮も二皮もむけるというのか、大人になる。「朝早く来い」などと命令しなくても率先してやってくるようになる。

あとで詳しく触れるが、塾ではしばしば保護者たちと個別面談を開く。そのとき当然保護者の都合を考えて時間を設定する。会社に勤めておられる場合は、授業が終わってからの夜の時間帯になる。主婦の場合は、午前一〇時頃に時間を設定することが多い。弟妹がいればお母さんたちは幼稚園に送っていき、家の片付け、洗濯などをして、一〇時過ぎくらいからが一番都合がいいからである。その時間帯なら、たとえば面談が一一時半頃にでも終わって、帰る途中にスーパーで買い物をすることもできる。

一方、午後遅くでは幼稚園へ迎えに行ったり夕方の買い物をしたりと忙しくなり、まとまった時間が空けにくい。そうした生活リズムを考慮すると、結局、来てもらうには午前中からせいぜい午後の一時くらいまでに絞られていく。

ところが夜の一〇時過ぎまで授業があるのを理由にして、若い講師はすぐ「授業終了後は帰宅が遅くなるので面談はしたくないとか、午前中の面談は早く起きなければいけないのでしんどい、もっと遅くしたい」と文句を言う。情けない。

塾にとって保護者はお客さんというより弱者なのだ。命より大事な子どもを預けている。だから、ちゃんと面倒を見てもらいたい一心で、自分よりもはるかに年下の講師にまで、○○先生と敬意を表してくれる。だから私は「二時からにできませんか?」などと講師が口にすると背中からド突いてやりたくなる。

しかしそんな新人が、一年たって合格の感激をともに味わうとガラッと豹変する。午前中の面談がイヤだとか言わなくなる。自分の存在意義、このためにやっているのだという、仕事の意義を深いところで理解するからである。

もちろん彼らが合格発表の日に泣くのは、生徒たちとの人間関係ができたからこそで、すべてはそこからなのだ。

2　どうすれば感動が生まれるのか

◇感動を演出するパラダイムシフト

人間関係が「険悪」ではないと仮定して……ではどうしたら人は感じ、動くのか。私は、感動には大きなパラダイムシフトが必要不可欠だと考えている。

パラダイムシフトとは何なのか。ご存じのとおり「パラダイム（paradigm）」はふつう「類型」と訳され、社会的には「パターン化されたものごとの見方」という意味で使われる。たとえば、「授業＝つまらない」「上司＝わからず屋」という思い込みはひとつのパラダイムだ。そして「シフト（shift）」は「移り変わり」「転換」という意味になる。

楽しみにしていた映画を見に行って、実につまらない映画でガッカリしたという経験はだれでも一度くらいはあると思う。「面白いと思っていたものがつまらなかった」ときは本当にガッカリである。

逆に「つまらないと思っていたら面白かった」ときはどうだろう。たまたま見た映画だったがその面白さに大感激。その期待以上の結果に、周りの人間に薦めたという経験はないだろうか。これもパラダイムシフトのひとつである。

総合するとパラダイムシフトとは「パターン化した視点がガラッと転換すること」である。「思い込みがひっくり返ること」ともいえるだろう。

そして「授業＝つまらない」というパラダイムが「授業＝面白い」へ転換するとき、人間の心には感動が生まれ、人を突き動かす原動力になる。しかも転換の度合いが大きいほど感動は大きくなる。大きな感動を与えるためには大きな意外性、パラダイムシフトを起こす必要がある。

パラダイムシフトが起きるケースはいろいろあるが次の三つが代表的である。

1 無意味→意味付加

今まで無意味だと思っていたものに突如、意味を発見したときである。たとえば推理ドラマで、何でもないシーンが実は伏線になっていて、最後にそれが謎を解くカギになっていたと明かされたとき、思わず「ああ、そうだったのか!」とヒザを打って感動するだろう。

2 複雑→単純

一見するとややこしいことが、実は単純だったとき。ものごとが複雑なほど「要はこういうこと」と悟ったときの感動は大きい。

3 見えない→見える

抽象的で無味乾燥と思われがちな確率の問題も、それが具体的に賭け事へ応用できると知れば数学に感動するだろう。突然見えるのだから、まさに目からウロコだ。
これらはすべて、もともとの固定観念、パラダイムが崩れ、代わって別の価値観が生まれるときに人間は感動するということである。

◇人前で話すなら、いきなりパラダイムシフトでハートをつかめ

仮に私が講演会を開いたとして、パラダイムシフトがあるかないかで聞く人の行動が全く変化する。まずは無い場合である。

……みなさん、こんにちは。本日はありがとうございます。お忙しい中にもかかわらず、今日お集まりいただいた皆さんは、おそらく、常に「学び」の姿勢をお持ちの方々だと思います。それに応えるべく、狭い見識の中からではありますが私も精一杯お伝えしてまいります。どうぞよろしくお願い……

講演会では話をメモに取る人がたくさんいるが、こう話してもペンを持つ人はまずいない。通りいっぺんの話だからである。しかし次のように話をしたらどうなるだろう。行動がガラリと変わる。

……みなさん、こんにちは。本日はありがとうございます。お忙しい中にもかかわらず、今日お集まりいただいた皆さんは、おそらく、常に「学ぼう」という姿勢をお持ちの方々だと思います。ところで皆さんは「賢者」とはどんな人のことだと思いますか？……

最後の問いかけで、顔を上げる人が続出する。いわばつかみの一つであるが、いったい何を言い出すのか？　という疑問に、聴講者たちは次の言葉を心待ちにしている。

そしてこのあとが本当にパラダイムシフトを起こす部分である。

……多くの人が、「賢者」とは豊富な知識を持ち、人々を正しい方向へと導く力を

持った人といったイメージで捉えておられると思います。実はそうではないのです。「賢者」とは「学んだ人」の事なのです。「賢者は愚者からも学び、愚者は賢者からも学ばず」この言葉で愚者と賢者を分けるたった一つの違いは「学び」があるかないかです。つまり教えた側が賢者なのではなく、学んだ者こそ賢者なのです。今日お集まりいただいた皆さんは、おそらく、常に「学び」の姿勢をお持ちの方々だと思います。すなわち、この会場で賢者は他ならぬ皆さんなのです。その賢者の皆さんに応えるべく、狭い見識の中からではありますが……

こう話すとどうだろう。メモする人が出てくる。つまり賢者という言葉の真の意味を見い出したとき、それまで定義していた意味が崩れ去り、「見えない↓見える」のパラダイムシフトが生まれるのである。そこに感動がなければメモすることはあり得ない。

パラダイムシフトは難しいことではない。学校だったら先生が教室に入るとき、「さあ頑張っていこうか！」と元気いっぱいに飛び込んでくるだけでもいい。授業なんて退屈なだけと思い込んでいる生徒にパラダイムシフトが発生し、「あれ何が起こるのか？　面白いかも」と興味を抱く。これがファン・パラダイムシフトである。「ファン」というのは「お楽しみ」という意味だ。

そして肝心なのが、話をもっと聞きたいと思わせるインタレスト・パラダイムシフト。教科や話題の中身に興味を抱かせ、もっと話や授業を聞きたいと思わせるものである。ファンからインタレストへとどうつないでいくか、これが先生の腕の見せどころとなるだろう。

◇夢は一〇回口にせよ

パラダイムシフトの持つ効果をさらに認識していただくために、いくつかの話をご紹介しよう。

私は、受験を直前に控え不安も高まっている受験生に対してはこんな話をよくした。

「明日はいよいよ入試だけど、どうだ自信はあるか。アカンのか。自信がなかったら初めから負けているようなもんやぞ。勝負を決めるのは自信や。自信をつける方法を教えてやる。朝起きるやろ、そしたら鏡の前でにこっと笑う。大きい声で、受かるぞーっ！　絶対合格するぞーっ！　とどなれ。これを一〇回繰り返せ。ピッタリ一〇回やで」

するとと生徒からなぜ一〇回なのか？　と声が上がる。待ってましたの質問だ。そこでこう返答する。

「当たり前や。お前たちは合格の夢を叶えたいだろ？　叶うという字はどう書く？口に十って書くよな。だから十回、口にしたら夢は叶うんや」

これこそひどいこじつけである。でもやはりパラダイムシフトがある。小さな感動がある。本当に毎朝一〇回言うことを継続すると、やがて合格するのではないかと、つい思う。この力は大きい。そして最後にダメ押しをする。

「けど絶対に一一回は言うなよ。〔十〕〔一〕回口にすると吐くでー」

どっと笑いが起こるという寸法だが、これでさらにパラダイムシフトのインパクトは強くなる。

これを国語の授業では、単に「口偏に十で叶う。口偏に土で吐く。よく覚えておいてください」と教えるのではないだろうか。それを私が言ったように伝えれば、多少無理があっても、それまで無味乾燥だと考えていた（得てして子どもたちはそう思いがち）漢字に興味を抱き、国語が好きになる場合もある。

ただしパラダイムシフトの感動を期待するには、話の順序に細心の注意を払う必要がある。オチを先にして「口に十と書いて叶うである。だから一〇回、口に出せ」と言うのでは何の力も生み出さない。「アホらし」と一蹴され、話は終わってしまう。

◇クリスマス・エクスプレスにパラダイムシフトを見た

話す順序の組み立てについては、ちょっと古いがＪＲ東海の「クリスマス・エクスプレス」のテレビコマーシャルがいい例になると思う。

若い女性が駅のホームで彼氏の到着を待っている。女性へのプレゼントを抱えて来るはずなのだが、最終列車になっても姿がない。ついに列車はホームを離れ車庫に向かって動き出した。ホームの明かりが一つ二つと消えていく。

ついにあきらめ出口のほうに歩き出した瞬間、遠く離れた柱の陰から赤い包装紙だけが顔を出す。2～3回それが振られ、再び柱の陰に消えたのち、そのプレゼントで顔を隠した彼氏がムーンウォークで登場する。女性は喜びに泣くという展開になっていたように記憶している。

これは当時ずいぶん感動を誘うコマーシャルとして話題になったが、もし彼氏が普通に新幹線から降りてきて「はい、プレゼント」とやったらどうだろう。ドラマは全く生まれず、だれも感動しない。

あるいは柱の陰から最初に見えるのが彼氏の顔、というのでも物足りない。見えなかった人物が次に現れるのは当たり前。展開がありきたりではオチのない落語である。「ああそうですか」で終わり、何も印象には刻まれない。

やはり何かを心に訴えるには意外性、パラダイムシフトが必要となる。彼女は長い時間待った。しかし最終列車にも彼が乗っていない。そうやっていったん彼女、つまり見る人を落胆させた直後、意外な結末に彼女も見ている者も感動するのである。

授業でも全く同じことがいえる。当たり前の順序で当たり前の内容を並べるだけでは退屈で感動などあり得ない。恋人を喜ばせるような演出が欠かせないのだ。

たとえば数学で素晴らしい解法があるとする。それで解けば簡単に答えが導けるのだが、ふつうはなかなか思いつくことがない。それこそコロンブスの卵のような手法なので講師は子どもたちに教えたくなる。

ところがドラマづくりの未熟な講師だと、「こんないいやり方があるで」と言って真っ先に教えてしまう。これでは彼氏が最初に現れるのと同じである。ドラマがないから感動が生まれない。手品で先に「鳩が出ますよ」と言って鳩を出したって、感心はしても感動はない。

そうではなく、まずはまともに解かせて苦しい思いをさせるのである。解いているうちにその難解さに、生徒たちは「テストに出たらどうしよう」と不安になる。逃げ出したくなる。その体験をさせてから、最後に一撃の解法を伝授する。すると生徒たちは「ウオーッ！」と驚嘆の声を上げる。「数学ってオモロイなあ」と言ってくれる。その瞬間に授業終了のチャイムが鳴ろうものなら、拍手まで沸き起こることがある。

◇話の段取りが聞く者に感動を与える

パラダイムシフトを生む際に、話の段取りがいかに重要かについて、スティーブランド・モリスという少年の実話で考えてみる。

アメリカの学校で理科の授業中、実験に使っていたマウスが逃げ、どこに隠れたのかわからなくなった。女性の教師はみなに探させたが見つからない。そこで全員を席に着かせ、自信たっぷりにこう言った。

「これだけ探して発見できないのなら、あとはモリス君にお願いしましょう」

途端に、ちょっと待って、何でアイツが、という声があちこちから起こった。教室はざわめき、一人が「モリス君には無理です」と手を挙げて言った。実はモリスは目が不自由なのである。教師は答えた。

「なるほど、確かに彼は目が不自由です。だからモリス君には無理だとみなは思うかもしれません。でも先生は知っています。モリス君は、神様から素晴らしい能力をもらっています。それは聴力です。モリス君の聴力は神の力。それを生かせば必ずマウスはみつかります。さあモリス君、お願いできますか」

そしてモリスは期待に応えて探し出した。そして日記にこう書き残した。

「あの日、あのとき、僕は生まれ変わった。先生は僕の耳を神様がくれた耳と言って褒めてくれた。僕はそれまで目が不自由なことを心のなかで重荷に感じていた。でも先生が褒めてくれたことで僕には大きな自信がついた」

このマウス事件から十数年。神の耳を生かして音楽の道に進んだスティーブランド・

モリスは、シンガー・ソングライターとして鮮烈なデビューを果たす。スティービー・ワンダーという名前で。

ここで必ず話を聞く人の口から「ホーッ」という声が思わずもれる。なぜかはすでにおわかりだと思う。だから段取りは大切なのである。もし逆に話したらどうなるか。「それでは今からあの有名なスティービー・ワンダーさんの話をします。もちろんこれは芸名で本名はスティーブランド・モリス。彼は少年のときから聴力が素晴らしく、理科の実験で逃げたマウスを……」

どう違うか、説明は無用だと思う。パラダイムシフトの典型的な構造を理解し、そのように語りかければその瞬間、見えなかったものが見え、パラダイムシフトが完成する。そして感動が生まれるのである。

◇どんな単純作業も面白くするバックホームの話

仕事でも何でも、ものごとのなかには実行するとウンザリ、必要なのだろうけどあまりやりたくないというものがある。棚卸しの作業や宛名書き、工場の単純作業など、いくらでもあると思う。私は銀行員の時代に、お金を数えるのに心底ウンザリした。勉強でも、たとえば漢字を覚えるためいくつも書き写すといったことは、たいていの生徒が嫌う。数学なら連立方程式を一〇〇問出し、ひたすら解かせるという授業が嫌がられる。

いずれも課題としては単調で、たくさんこなすには根気がいるが、入試という究極の緊張状態でミスをしたくないなら、極めて重要なトレーニングである。というのも、それは筋トレと同じで、単純作業を何度も繰り返すことでしか身に付けることはできないからだ。とはいえ、生徒はイヤイヤやるので、どうしても途中で気がゆるみ教室もザワついてくる。

命じるほうとしては必要があるからさせるのだが、教室がそんな状態だから講師自身としてもその授業を持ちたがらない。「この日は僕、ちょっと都合が悪いのでほかの講師の方に代行をお願いしたい」と逃げる先生もいる。

しかし一時間なら一時間、全員にビシッと計算課題をやり続けさせるいい方法がある。私の場合、「バックホームの話」というのを聞かせる。

どんな話なのか。私は教室に入るなりこう宣言する。

「さあ、今日の授業は何か知ってる?」「連立方程式」「そうや連立方程式。一〇〇問解こう」「エーッ」

教室は大騒ぎになる。

「先生もイヤや。お前らもイヤやろ。帰りたい人は?」

全員が「はーい」と手を挙げる。私も手を挙げ「ほな、帰るわ」と出口に向かう格好をしておいて振り返る。

「でもそんなこと先生にはでけへん。俺もイヤなんやけどな」

ここで言うのである。

「じゃあ、ちょっと面白い話をしたる」

あとは私の口調をそのまま聞いていただこう。

「……ええか、野球の西武ライオンズに以前、森監督という名監督がいたんや。古い話やから知ってる人はあまりいないと思うけどね。その人が監督していた時代、ライオンズはメチャクチャ強かった。何回も続けてリーグ優勝し日本一になった。

この森さんが初めてライオンズの監督に就任したとき、あることを守るよう選手たちに徹底したらしい。するとたちどころに西武は優勝し、あとは何年も勝ち続けた。では何をやらせたのだろう。

ランナーが二塁にいるとする。バッターがライトにヒットを打てば、ライトは打球を捕りに行く。ランナーはホームに突っ込むのが仕事やから、とりあえずはサードに走る。そうしてライトが捕球したか、あるいは球をとり損ねたかによって、ホームに突入するかサードにストップするか判断せにゃならん。

けどそのとき、ランナーはライトに背を向けて走っているから状況が見えへん。後ろを向いて走ればコケてしまう。だからそのために三塁側に自分のチームのコーチが立っていて、三塁でストップしろ、いや本塁まで突っ走れと指示するんや。

で、森監督の約束や。実はコーチに『どんなときでもランナーはみなホームに突っ込ませろ』と指示したんや。しかし野球を少しでも知っているヤツなら『エーッ』とビックリもんや。だってうまい外野手がいた場合、そんな闇雲に本塁へ突っ走ったらいっぺんでアウトにされる。

でも監督は『それでもいい、突っ込ませろ』と指示した。なんでそんなことをやらせたのか。ここが先生の言いたいことや。よく聞いてくれ。ちゃんと理由がある。

ランナーはセカンドからホームに突っ込む。このときランナーは何をしている？　そう、走ること、走ることだけをすればいい。これ以上単純な仕事はない。

一方で相手はどうや？　ランナーをアウトにするには、浅い打球なら別やが、ちょっと深いところから返球するにはダイレクトにはいかへん。ホームへ届かないから、途中に球を中継する選手が立ち、そしてホームに投げることになる。

これが問題や。まずライトの外野手がうまく捕球しなくてはダメやな。トンネルしたら絶対セーフになってしまう。次に中継の野手に向けて暴投したらそれもダメ。さらにそのボールを中継がうまくキャッチして、さらにまたうまくホームに返球しなくてはならない。最後に受け取るキャッチャーも大変や。パッと取ってランナーの体にタッチしないとアウトが取れない。

つまり何重にもミスの可能性があるということや。この場合六つある関門のうち、どれか一つミスしただけでセーフになる。確率を考えたら、絶対に突っ込ますほうが得やないか。だから何が何でも突っ込めと命じたのや」

捕球して投げるのはプロにとって朝飯前、何も難しいことはない。しかしどんなに易しく単純なことでも、いくつも重なると人間はミスを犯す。私はそれを言いたくて森監督の話をした。

だが子どもたちはポカンとしている。無理もない。今までの話が一〇〇問の連立方程式と何の関係がある？　話には続きがある。

「……じゃあ君たち、こんな問題は難しいか。『5よりマイナス3小さい数は？』。もちろん8。こんな問題は君たちならだれも間違えへん。けどな、こんな簡単な問題でも、いっぺんにたくさんやると途端に難しくなる。たとえばこんな問題はどうや。

『5よりマイナス3小さい数と、マイナス269よりマイナス387大きい数の和は、マイナス1973よりどれだけ小さいか』

どや、これでたちどころに計算ミスが出る。一つひとつは簡単なことでも、たくさん重なるととんでもない難問に変わる。これが世の中の常なんや。今日やる一〇〇の問題もそれぞれは簡単やろう。けど一〇〇問を立て続けに解いて全問正解できるヤツは、ひょっとしたら誰もおらんかもしれんな。今日はそれにチャレンジするんや！」

「やりますっ」

これで生徒たちは喜んで問題を解き始める。パラダイムシフトにより、一〇〇問解くということに明確な目的意識を発見したからである。

「さあ、サードを回ってホームへ滑り込んでくるヒーローはだれだ？　時間を計るぞ」とあおるまでもなくワーッと戦闘態勢に入り、もうあとは止まらない。終了のチャイムが鳴っても「もうちょっと」と言ってテキストにしがみついている。

話は五分程度でできる。これひとつで退屈な作業が一変する。

2章

信じられない力を生み出す「感動の力」

1　想いは相手のハートに突き刺さる

◇プレゼンで伝えるべきものは2つある

授業でも、仕事でも、プレゼンで人に何かを伝えるときには、必ず２つのものを伝えることを意識するとよい。「想い」と「情報」である。

当然のことだが、「想い」だけ伝えても「情報」がなければ何も伝わらず、ただの暑苦しい人になってしまう。しかし「情報」だけ伝えても「想い」が伝わらなければ、人はなかなか行動に移らない。

例えばＡ社、Ｂ社、Ｃ社の３社が、値段もスペックも似たような工作機械を売り込むプレゼンをしたとする。３社とも情報だけを伝えるプレゼンをしたなら「知り合いがいるから」とか「以前も取引したことがあるから」などということが決定の理由になりかねない。

しかし、ここでＡ社だけがスペック以外に「この機械をどんな想いで設計したのか」「どんなハードルをどんな気持ちで乗り越えてきたのか」「使ってくれる人に、どんな幸せを提供したいと思って創り上げたのか」などを熱く語ればどうだろう。そこに相手の感情移入が発生すれば、成約確率は飛躍的に上がるはずだ。

そしてそれが、聴く者のハートに突き刺さったとき、相手は行動を起こし始め、予想をはるかに超える成果がもたらされる。

生徒だけではない。保護者への呼びかけも、部下への指導も、想いを伝えることで成果は確実に変わる。

このことを講師生活で私は何度も体験した。

◇東京通信工業・超一流もスタートラインは同じ

授業に集中してほしいと思うのなら、いきなり授業をしてはいけない。仕事も同じだ。いきなり仕事を始めるのではなく、ウォーミングアップをするのだ。わずか数分でいい。授業の前にこんな話をしてやるだけで大きな変化を見せ、ものごとへの意気込みがぐっと高まるのだ。

「東京通信工業という会社を知ってるか?」

こう尋ねても子どもたちはまず知らない。最近の30代、40代にも馴染みがないだろう。東京通信工業は戦後すぐの東京で、白木屋デパート内の小さな一室を借りて発足した。まだ焼け野原の時代である。

ところが会社の経営がうまくいかない。数名の社員と一九万円の資金で始めたのだが、なんどもつぶれかけた。ここで生徒に聞くのである。

「何を製造していたと思う？」

するど「通信やからパソコンとか……」なんて答えが返る。

「そんな時代にパソコンがあるか」「わかった！　トランシーバー」

「そのあたりかな。名前に通信ってつくからそんなものやろ。電話とかな」と、わざとミスリードするのだが実はそうではない。

「本当は最初、電気炊飯器をつくっていた」

意外な答えに子どもたちは大騒ぎになる。

「で、その炊飯器が不良品ばかりでダメやった」と続ける。

ドッと返品されていっぺんに倒産の危機がやってきた。資金を集めて会社を何とか存続させるために、粗末な電気座布団とかをつくって経営をつないでいたものの、いつまた潰れてもおかしくない。

そんなときに、経営者は会社をなぜ興したか、先々こうしたいという理念書をまとめた。「そんな暇があれば、少しでも稼ぐことを考えりゃいいのに、アホな会社と思うやろ?」と言うと、「アホや」「アホや」と生徒たちも答える。

「さらには一〇年ほどして、今度は社名を変えると言い出した。やっと経営が軌道に乗りかけた頃や。銀行が文句を言いに来た。だって考えてみ。社名を変えたらどこの会社かわからなくなる。名刺も封筒もつくり直して経費がかかる。どうや?」

やはり「そうや、アホや」「お金のムダだ」と同調する。

「そして、ある人が変える理由を尋ねた。すると、今の名前では世界に通用しない、という答えが返ってきた。みなは取引先が数えるほどしかない、こんなちっぽけな会社が、なにが世界や、アホかと怒ったが、結局、社名は変更された。その新しい名前が何だと思う? ……ソニーや」

「うっそー」「オーッ」

生徒たちはまたまた騒然となる。ここで私は本題に入る。

「あのソニーだって最初は東京通信工業という名のちっぽけな会社やった。何を作ってもうまくいかず、会社は何度も倒産しかけたんや。それでもあきらめず、歯を食いしばって自分の信じる道を突き進み続けたからいまのソニーがある。もし、しんどいときに彼らが歩みを止めていたら、いま日本にソニーという会社はなかったよな。お前ら、今日のテストで点数が悪かったとやる気をなくしているけれど、ものごとは最初からうまくいくことは絶対にないで。

初めて乗った自転車は前に進んだか？　初めて振ったバットにボールは当たったか？　違うよな。こけて傷だらけになりながらあきらめずに続け、ついにお前たちは自転車に乗れるようになり、ヒットを打てるようになった。勉強も一緒やろ」

これだけで人は本当に頑張るようになる。ソニーの頑張りとその精神に心を揺さぶられ、自分もひとつやってやろうと思うのだ。あのソニーの前身がちっぽけなどこにでもありそうな会社と知ったとたん、急に感情移入して自分の問題に置き換わる。「よし自分も」と考えるのである。

生徒にソニーの話をすると、たまに保護者から電話がかかってくる。

「先生、何をおっしゃったんですか？　俺はソニーになると言って突然勉強をし始めました。うれしいんだけど気色悪くて……」

「いえ何も言ってませんよ。でもソニーならいい目標じゃないですか。頑張ってください」

こう私は答えて、また何かまた別の話をしてやろうと思うのだ。

◇壁があるから喜びがある

当時NHKでやっていたテレビ番組『プロジェクトX』は授業でもよく話題にした。今の子は感情をあまり表に出そうとしないが、「見てどうやった?」と聞くとボソッと「感動した」などと答える。やはり、みな感動するものを求めているのだ。

私も見て感動する。そこでなぜあの番組に感動するのか考えてみると、必ず主人公たちの前に敵がいるのである。

もちろん敵といっても人ではない。達成しなくてはならない目標や目的があって、その前に立ちふさがる壁のことだ。その壁がとても厚く、高くてちょっとやそっとでは崩れない。

一回、二回、三回と何回かトライするうち、くじけそうになる苦しい思いが幾度となく襲いかかる。そこを耐えに耐え、ついに壁が崩れてゴールにたどり着く。大変な苦労の末に勝ち得た喜びを共感できたとき、「すごいな、俺もああなりたい！」と思い、人間は泣くのである。

結局のところ壁を突き破る過程がなかったら、それこそ敵がいなかったらドラマは存在しない。壁があるから感動が生まれるのだ。

つくろうと思いたったら何の問題もなく、スイスイできあがりましたでは共感は生まれてこない。つまり、壁は、感動に満ちた豊かな人生を送るためにはなくてはならない存在なのである。

『プロジェクトX』にはそのような構図がある。だから私はともすれば勉強の苦しさに出口を見失いがちになる子どもたちに「君たちは今その壁をハンマーで壊している最中なんだ、わかるか」と話す。

「君たちはどう感じているかはわからんが、私の目には今、君たちがゴールにたどり着いて涙を流し、周りの人たちを感動の渦に巻き込んでいるシーンがハッキリ映っている。もちろん君たちにはそれが見えない。だってその渦中にいるんだからね。

でも『プロジェクトX』なら私と同じく外側からそれを見ることができる。ああ、こんな苦労があって大変だったんだ。でもそれを乗り越えたところに、生まれてきてよかったと思える瞬間がやってくるんだと、共感することができる。まぎれもなく、君たちも『プロジェクトX』の主人公なんや。さあ、少し休んだら、また歩き出そう」

読者の中には、いま人生の壁にぶつかって、苦しい思いをしている人がいるかもしれない。しかし、この視点からエールを送るなら「おめでとう」という言葉になる。なぜなら、その壁のおかげで、感動の人生を実感できる瞬間が、もうすぐそこにきているからだ。

私の言葉にストレートに共感してくれた生徒は、その励ましに応えようとする。そしてその姿に、私もまた熱いものを感じるのだ。

◇ルーチンに陥ったら〝始めの頃〟の熱い心を思い出せ

どんなことでもそうだが、同じことを長く続けるうちに人はいつの間にか「こんなものでいいだろう」というルーチン（日常の馴れ）にはまりがちである。

惰性で仕事をすれば良い結果は期待できないし、人間はそんな自分を心のどこかで受け入れられない生き物なのだ。

私は塾で講師の指導もしていたが、塾の講師も同じワナにはまる人がいる。そのままだといつか退職してもらわなくてはならなくなる。何とか挽回をはからせるには、初めの頃の熱意や感動する心を呼び覚ますしかない。そういうとき私はこんな話し合いを持つ。

「ところで先生には守るものがあるよね。結婚して確かお子さんがいるよね。このままでは成績や評価が維持できず先が心配なんです。お子さんをどうするつもりなの？」

何でそんな話をするかは彼もよくわかっている。私がこう言い出した時点で彼の目はすでに赤く潤み始めている。大事な存在を思う心はだれでも強いのだ。とにかく私はのっけから核心を突く。

「奥さんやお子さんは、今この瞬間も、先生のことを大切に思っているよね。そして先生のことを信じて、人生を共に歩んでいる。けどこんなに生徒たちからのアンケート評価が悪いのではいつか退任を迫ることになりかねない。ただ、私の見たところでは先生の授業はけっこうすごいと思う。何遍も見学させてもらっているけど、先生にしかできない授業があると思う。

でもなんでこんなに生徒の評価が低いんやろ。このままいくと仕事を失う可能性も出てくる。先生にとっても、奥さんやお子さんは大切よね。大切な人の人生を幸せにしてあげたいと思っているはずよね」

ここまでくると感受性の豊かな人はバーッと泣くのである。そこでさらにもう一押ししてこう言う。

「でも大丈夫。先生なら絶対に大丈夫。最初に教壇に立ったときどんな気持ちで授業をしたか思い出して、それをここで語ってください」

するとと彼は忘れていたことを次々思い出す。遠い昔を目の前に浮かべているのがよくわかる。そして「生徒の興味を引きつけるネタ話を集め、今日の授業ではあれも言おう、これも言おうとずいぶん工夫した。あのときの生徒たちは熱心に聞いてくれた」と必ず言うのである。みな初めは熱かったのだ。

すかさず私は「生徒は変わっていませんよ」と答え、そして言う。

「変わったのは先生と違いますか？　……もう一回、最初の授業のころのような熱い授業をしてください。先生のその授業を見たいなあ。先生にしかできない授業を見せてください！」

私も先生の胸にどうにかして熱い火がともってほしいと懸命である。

どんな仕事でも時間の経過とともに、熱意を維持すること自体が難事業になっていき、最初の感動や情熱を失ってしまう。人を燃え立たせるにはどうすればいいのか。

それが私の永遠のテーマなのである。

◇特別な話でなくても人の心は動かせる

人間の心は敏感だから、ちょっとしたことでも大きな変化を起こす。アフガニスタン戦争の頃は、平和な日本で勉強できる幸せを生徒たちに説いた。

戦争で親を失ったり、負傷して苦しむ子どもたちの悲しい写真を見せ、それでも彼らにとって一番の望みが学校で勉強することなのだという話をするのである。

すると生徒たちは、いい加減に勉強していては申し訳ないと思い、雰囲気がガラッと変化する。ありきたりな、ヘタをするとお説教になってしまう話だが、案外しんみりし過ぎるくらいに感じてくれるようだ。

母親が自分の小遣いを削って塾に来させているという話もする。強制されてイヤイヤ来ている生徒も、少しは頑張ろうという気持ちが芽生える。

俗に「マシュマロテスト」といわれる話もそうである。

心理学のテストで、マシュマロを四歳の子どもの前に置き、「私が部屋から出て戻るまで食べてもいいけど、我慢できたら、あとでもう一つあげるよ」と言い残して実験者が去る。スタンフォード大学でこの実験を子どもたちにしたのである。

すると我慢できずに食べる子と、じっと我慢して待つ子とにハッキリ分かれた。そして子どもたちを以後一四年にわたって追跡調査したら、我慢した子のほうが学校でも仕事でもずっと成績が良かった。

つまりちょっと我慢すれば、あとでそれが何倍もの喜びとなって戻ってくるという話だ。

そこで子どもたちに「勉強をサボって遊びたいという欲望のマシュマロを今食べるか、我慢して今日の勉強を頑張るか、どっちを取る？」と言うと、多くがマシュマロ（遊び）を我慢するのである。

「通学時間」という話では、学校への往復の時間を合計させてみる。一年分を合計するとかなりの時間になるので、生徒たちは今さらに時間の無駄を実感する。それを勉強に使うとどんなに有効かという話で、たったこれだけのことだが案外効果が大きい。ちょっとの工夫が意欲を大きく刺激する。

ほかにも人に感じさせ、心を動かすためのネタを私はいろいろ持っているが、案外ふつうの話も多い。特別な話でなくても切り口を工夫することで訴えかけるものになる。話を聞いて感じてくれればこっちのものである。

2　感動の力が成果に直結する

◇感動するほど合格する？

感動ということについて、私は塾生活の最後の何年かで不思議なことを発見した。生徒が入試の直前に感動すると合格率が上がるのである。

なぜだかはわからない。数も多くはないのでどこまで厳密な観察であるか、確かなことは言いにくいのだが、そういう傾向があるのは確信している。

といっても特別なことをしたわけではない。最後の一年を必死に頑張ってきた受験生には私たち講師も熱い思い入れがある。当日、入試の会場で私は彼らを一室に集め最後の訴えかけをする。

「今日は素晴らしい舞台が用意された。そして本当に今までよく頑張ってきたね。ここまで努力を積み重ねてきた君たちを先生は誇りに思う。感動をありがとう。あとはやってきたことを答案用紙にぶつけるだけだ。

これ以上できないというほど頑張ってきた君たちだ。結果がダメでもいい。だってこれ以上できなかったんだろ？　だったらいいじゃないか。この舞台に立っているだけで素晴らしいことなんだ」

ここまできたら、自分のやってきたことに自信を持ち、力をすべて発揮してほしい一心で語りかける。

「最後に一つだけ、君たちに尋ねたいことがある。これだけの舞台は君たちの力だけで用意できたのだろうか？　君たちに協力してくれた人がいるよね？」

すると「お父さん、お母さん」という声が上がる。中学受験では親がついてきて会場のなかにいる。そこで私は言う。

「そうだよね。じゃあ今から君たちは入試会場に行くけど、その前に一分間だけお父さん、お母さんのところに行ってお礼を述べておいで。今までありがとう、頑張ってくるからね。そう言うだけでいい」

するとどもたちはパーッと散って、自分の親に「今までありがとう」と伝える。すると、まさか我が子が受験直前にそんなことを言いに来るとは思ってもいなかった親たちは、グッときて、思わず泣く。我が子を抱きしめて泣くのだ。そしてその涙を見て子どもも泣く。

涙でグシャグシャになった顔で、私のところに戻ってきた彼らはみな感動に震えているのがよくわかる。私は「さあ、頑張ってこい！　持てるすべてを出し切ってこい！」と熱い拍手を送り、みなを出陣させるのである。

するとどうだろう。合格するか落ちるか半々といった線上の子どもがみな見事に合格するのだ。その理由は私にはわからない。ひとつ言えるとすれば、やはり感動の力がどこかで大きく働いているということではないかと思っている。

◇3通の封筒に託す想い

親が受験会場に来ていないことが多い高校受験や大学受験では、この一連のアプローチを入試前日に渡す手紙で行う。

第一志望校の入試を迎える前夜。塾では最後の授業が終了し、帰宅の時間がやってくる。帰り際、緊張する彼らに3通の封筒が手渡される。表には「第1のアイテム」「第2のアイテム」「第3のアイテム」と書かれており、翌朝この順序で開封するように伝える。

「第1のアイテム」には今まで頑張ってきたことへのねぎらいのメッセージとともに、頭を覚醒させるための簡単な計算問題が入っている。そしてそれが終わると、次を開封せよと指示がある。

「第2のアイテム」には試験中に、もし焦るようなことがあれば、これを握りしめて平常心を取り戻せというメッセージとともに、お祓い済みの合格祈願アイテムが入っており、次を開封せよと指示がある。

そして「第3のアイテム」にはこんな言葉が書かれている。


「今まで本当によく頑張ってきたね。気の遠くなるような大量の課題。部活で疲れていることを考慮しないカリキュラム。地獄の夏合宿。

しかし、どんなにつらくても君は弱音を吐かなかった。必死に勉強を頑張る○○君の姿に、僕たち講師陣はいったいどれほど勇気をもらったことだろう。

君は僕たちの誇りだ。そして共に過ごした友達も、そのすべてが僕たちの財産だ。わずかな人にしか出会えないこの短い人生で、○○君をはじめ、みんなに出会えたことをいま、心から感謝しています。本当にありがとう。

最後に先生たちから一つだけお願いがあります。今日という日を迎えることができたその陰に、おうちの人たちの大きな支えがあったはずです。雨の日も、風の日も、君のことをずっと見守ってきた人。そんな人に出会えた幸せを全身で感じながら、どうか、今から家を出て受験会場に向かう前に、一言でいい。感謝の気持ちを伝えてほしいのです。恥ずかしい人は次の言葉を棒読みするだけでもいいから。

『いままで支えてくれて、本当にありがとう。僕は（私は）幸せです。入試。頑張ってくるからね』

さあ、気を付けて会場に向かってください。君の到着を会場で待っているよ」

そして、入試会場に彼らが到着するのだが、そこに緊張の表情はない。中には目を真っ赤にした生徒もいて、体中にエネルギーが満ちていることを感じる。

「どうだった？　今朝」

「先生、僕感動しました」

「そうか、感動したか。良かったな。君を応援する多くのエネルギーを味方につけて、持てるすべてをぶつけておいで」

そうやって彼らを送り出すと、やはり合格率はアップするのである。

◇感動のためならとことんやる

受験生のためになるなら、できる限りのことをしてやりたいのが講師である。ある年はこんなことがあった。

私のいた塾は、もちろん灘校をはじめとする関西圏の学校の受験指導がメインだが、なかには遠い東京の学校を受ける生徒もいる。人数がまとまっているなら、私たちも引率の人間をつけてやれるのだが、三人とか四人くらいだと個別に受けに行ってもらうことが多い。

その年、東京の高校を受ける子がいて、私たちはこう言った。

「すまない。お前の受験の日はスタッフが足りなくて、だれも先生がついて行けない」

あっちとこっちの入試が重なって、いろいろ検討したけれど、どうにも東京へ差し向ける余裕がないということを説明した。案の定、生徒はすごく悲しそうな顔をする。
事前の学力診断によれば彼の当落は微妙なラインにあり、厳しい結果も予想されていた。また遠い東京へ出かけ、一人だけで受験するというプレッシャーは重い。しかし私はズバッと言った。

「ハッキリ言うが、受けに行く人数が少ないからなんや。人数の比率で、少ないスタッフのなかから、どうしたってたくさんいるほうに人を向けるのは許してくれ。決して少ないから無視するというのではないけど、どうしても重心が多数にかかってしまうのや」

むしろこういうことはごまかすと傷つける。大人扱いして正直に言うほうがいいのだ。
そして「とはいえできる限り応援する。担当の先生からおやすみの電話やモーニングコールの電話も入れたいし」と、泊まるホテルなどを聞いておいた。

そして入試の前日、生徒が東京のホテルに入った夜、約束どおり先生から電話が入る。翌朝もホテルを出る少し前に電話がかかる。

「おう、どうや。今からやな。頑張れよ。先生たちも大阪でお前のことを一生懸命応援してるからな。遠く離れているけど大阪の空の下で合格を祈ってるで。頑張れ」

「はいっ」

そうして生徒は会場に向かう。

すると意外なことが待っている。会場の門をくぐったときだ。

「○○君」

呼び止められて生徒はビックリする。大阪にいるはずの先生が目の前にいるのだ。先生は塾のパーカーを着て「来たでー。頑張れよ！」と声をかける。

驚きながらも生徒は「頑張ります」と答えるが、もう目は真っ赤になっている。恥ずかしいから涙を見せないように、顔を隠して泣くのである。

実は各入試会場に向かわせるスタッフを割り当てる際、その数読みの間違えから一人スタッフが浮いた。それならば、これをうまく利用しない手はないということになった。

そして前日から、生徒には伝えず先生を送り込んだ。二回の電話もホテルの近くからで、大阪からかけたのではなかった。朝、生徒が保護者とともにホテルから出るのを確認し、会場に先回りしていたのだ。

先生はそのあとすぐ大阪へ帰る段取りになっているが、これで十分だ。

「お前の顔を一目見に来たんや。先生はもう大阪に戻るけど、頑張れよ」と言うと、保護者も「そんな、わざわざ……」と言って大感激である。生徒の力になるなら何でもやる。

試験はみごとに合格した。

「仲間は大阪で頑張っている。お前は東京で頑張れ。周りは知らないヤツばかりのなかで、お前のことを念じている人間がいる」

こんなメッセージをもらうことによって、生徒の体に大きな力がみなぎったに違いない。

毎年、合格体験記には、こうした経験に胸を熱くした子どもたちが自分の感動を書き残している。「先生の笑顔と手の温かさは一生忘れない」なんて熱いメッセージを読むと、こちらも感動してグッとくる。

私が「感動、感動」というのが少しはわかっていただけるだろうか。

3章

言葉ひとつで人は走り出す

1　芽を摘むのも、育むのもすべて言葉

◇凶器となってしまった言葉

言葉で大失敗をしでかした経験はないだろうか？　私にはある。私たちは多くの場合、言葉でコミュニケーションをとっているわけだから、当然言葉を間違えるとコミュニケーションを間違うことになる。その意味で私には忘れられない苦い思い出がある。

ある家庭の長男が塾に通っていた。クラスの担当が私である。何かの面談の折り、事前に私はその家庭に関する資料を見ておいた。

指導するには、たとえば保護者の方がどんな仕事に就いているとか、家族構成はどうなっているとかをチェックしておく必要がある。そうすれば、仮に保護者が独身であるならば離婚や死別などの事情も推測され、多少はデリケートな話ができる。

そのお母さんの場合は子どもがかつては三人いて、しかし末っ子が幼少のころ、ベッドから落ちて亡くなっていると書かれている。このことは一応頭に入れてはおいたもののの、まさかそこから大ごとに発展するとは夢にも思わないので、いざ面談のときにはもうほとんど意識から外れていた。

例によっていろいろお話を聞いているうち、私はお母さんが長男に少し過干渉、構い過ぎの傾向があるのを見い出した。ひとしきり聞き終わったあと、私はこう言った。

「お母さんはちょっとばかり干渉し過ぎの部分があるかもしれませんね。いろいろ心配するのはよくわかるんですけれど、大丈夫ですよ。子どもは放っておいても育ちますから」

言い終わった瞬間である。お母さんの顔がスーッと白くなり、体が小刻みに震えだした。本当に怒りに震えるというそれである。そのときハッと資料を思い出した。

「ああ、しまった。言ってしまった……」

子どもを事故で亡くし、自分を責め続け、来る日も来る日も後悔の涙を流し続けているであろう母親に、説教がましく「子どもは放っておいても育つ」と言い放ってしまった。しかし時すでに遅し。そこまで言ってしまえばフォローの言葉などかけられるものではない。

「先生、先生に私の気持ちなんて到底わかるはずがないですね。長い間お世話になりました」

彼女はこう言って静かに帰って行った。もちろん子どもは塾をやめた。電話をかけても出てもらえることは一切なかった。

遅ればせながら悟ったのは、真実であっても、口に出してはいけない言葉があるということだ。確かに子どもは放っておいても育つ。これは一つの真実だ。しかし、このお母さんにとっては触れてはならない真実だった。人の心には一人ひとり、うかがい知れない傷が必ずあって、真実を突くことによってそれを暴き出すことがある。言葉は、人の命を救うこともできるが、奪うこともできるのだ。

だからあなたがもし、感動を提供することで相手の心を動かしたいのであれば、言葉の技術を磨くことだ。あなたの口から出た言葉が、多くの人を癒し、救うものであってほしい。

◇「はじめにことばがあった」

これはヨハネによる福音書の冒頭の一文である。そしてこう続いている。

「ことばは神と共にあり、ことばは神であった」

私は家族でハロウィンを祝い、年末にはクリスマスツリーを飾り、その一週間後には神社で柏手を打つという、典型的な雑宗教の人間であるが、この短い文章を知ったときに、強烈な衝撃を受けた。そして言葉の技術を磨くことを始めた。先述した保護者面談の苦い思い出の後のことだ。しばらくして、少しずつではあるが、言葉で保護者を救う経験ができるようになってきた。

それは、虐待を疑わせる生徒の保護者面談のときだった。確かに、どちらかといえばやんちゃな子であったが、いつも手の甲に生傷がある。どうしてと尋ねたら案外あっさり「母親がハサミで突っつく」と答えた。

私が塾にいた間にこういう子が数人、三年に一人くらいの割合でいた。お母さんにその理由を尋ねてみると（「なぜ？」と質問すると身構えるので、「何がそうさせたか？」と聞く）、「子どもにどう接していいのかわからない。だから怒りが虐待という形で出る。自分は母親失格だ」と決めつけ、興奮気味になる。

私の見るところでは多くの場合、やはりお母さんのメンタルケアが重要だと思う。母親自身、親から虐待を受けたとか、子どものときいじめられて育ったとか原体験を話してくれる。素人が一概に言えることではないにしても、問題の根に複雑な要素があるのが推測できる。

そうしたお母さんのなかで、面談での働きかけによって虐待をしなくなった方がいた。もちろんそのお母さんはわが子を愛していた。愛しているから子どもの将来のために高い月謝を払って塾へよこしている。しかし反面では虐待行動に出てしまう。そこで保護者面談をすることにした。

家はたまたま塾から歩いて一〇分くらいと近い。とりあえず小一時間ほど話を聴いてから、頃合いを見て「お子さんが赤ちゃんの頃の写真、これこそ可愛いという一枚だけを持ってきてください」と頼んだ。お母さんは家に帰った。

ところがである。実はこれこそ期待していたことなのだが、なかなか戻ってこない。戻ってくるのに一時間半もかかった。しかも一枚だけと言ったのに三枚持ってきた。どれも可愛い写真に思えて絞りきれなかったのだ。

昔の写真というのはついつい見始めるとキリがない。お母さんもずっと見続けていた。そうして戻ってきたときにはすっかり顔が柔和になっていて、その日の最初の顔とは全く別人になっていた。

◇言葉が人を救う

三枚の写真を見ると生まれたばかりだから、可愛いけどサルみたいにも見える。まさかそんなことはお母さんには言わない。

「可愛いですね」と言いながら「彼が生まれたときはいかがでしたか」と尋ねてみた。するとポ「うれしかったですよ」と答えながらポロポロ涙をこぼすのである。実は結婚して三年たってやっと生まれた子で、本当に命に替えてもいいくらい喜んだという。その涙を見て「このとき生まれてくれて幸せでしたね」と私は語りかけた。

「この子が笑うだけで幸せになったんでしょうね。でも今はそうではないんですよね。人間って小さいときはお母さん、お母さんってまとわりついて、ああこの子は私がいなければ生きられない、そういう気持をよりどころに子育てをするんですよね。守ってやりたいと。

でもお母さん。二〇歳になっても三〇歳になってもまとわりつかれたらどうします。困りますよね。人間は必ず親から巣立つときが来るんですよ。そこまでの成長過程では、反抗したり生意気を言ったり、みっともない髪型をしたり、そういう時期を経なくてはならない。でもそれはまさに成長の証しですよね。立派に育ってきていますよ。お母さんがすべて頑張って育ててきたんですね。

お母さん、これからは彼と接するとき、先にこの写真を三〇秒見つめてくれませんか。どうですか」

もうお母さんはドッと泣き伏している。

「お母さんは、今まで本当にしんどい思いをしてきたんでしょう。子育てって大変ですよね。一人の人間の成長を見守るんですから。

お母さんは十分大人の年齢で、それに見合った精神年齢をお持ちです。お子さんはまだ子どもの精神年齢でしかありません。そのお子さんと同じ視線に立つということは、お母さんがわざわざ精神年齢を引き下げているということですよね。そして一方では上からお子さんの手を引いて階段を一段ずつ上っていかなければならない。そういうふうに自分の精神年齢を上げ下げするのって、精神的にこれほど疲れることはないんです。それを今まで一生懸命やってきたではないですか。

だからお子さんはしっかり自分の自我を確立させ、たとえお母さんが腹を立てるようなことでも自分の主張をするまでに育った。つまりお母さんの教育は少しも間違っていないし、お母さんは素晴らしいと思う。お母さん、頑張りましたね」

お母さんは「ワアッ」と声を上げ泣いた。そして泣くだけ泣いて心が晴れた。この日を境に虐待行動は収まった。

もちろんいつもこんなにうまくいくわけではない。しかし、言葉の重要性を認識した時から、このような感動の面談を少しずつ行うことができるようになった。もちろん保護者面談のときだけではない。

◇飢えたライオンはだれを食うか？

子どもがやる気を見せないという相談は実に多い。家に帰ってきたらマンガやゲームばかりで勉強しないとか、夏休みも終わって追い込みというのにダラダラしているとかである。「何とかできないか」とＳＯＳが寄せられ話し合いとなる。

こういう場合は必ず、保護者と子ども、そして私の三者で面談する。勉強に対する取り組みを変えてほしいのだから、目の前に当の本人がいなくては意味がない。三者集まるのが前提だ。

そんなとき私はよく「飢えたライオンの話」というのを聞かせる。目の前のお母さんの胸にグッとくる話をする。でも直接話をする相手は生徒のほうである。

「もしもね、ここに腹を空かせて獲物を探しているライオンが、突然入ってきたと考えてほしい」

野生の動物というのは体が小さくて弱い、とにかくつかまえやすい相手を狙う。だから「ライオンも必ずそうするだろう」と前置きをして、子どもに質問する。「じゃあ、ここで真っ先に狙われるのはだれかなあ?」「僕です」と答える。

わざと回りくどく話しているので子どもには話の意図が見えない。ポカンとしている。

「確かに、お前が食われるよなあ。悪いけど先生は君を守ってやれないと思う。ごめんな。気を悪くするなよ。先生にも自分の家族とか守るものがあるから、ひょっとしたら君がライオンに食われている隙に、これ幸いと先生は逃げていくかもしれない。でもこのなかに一人だけ、ライオンの前に立って自分の体を投げ出して内臓をかじらせながら、今のうちに逃げなさい! と君に言ってくれる人がいる。だれかわかるか?」

生徒はもちろん「お母さん」と答える。このあたりからお母さんはハンカチを出し、込み上げるものを必死に抑えている。やはり可愛がって育ててきた子どもに対する思いが頭を駆けめぐるのだと思う。正しくいえば無理やりこちらがさせているのだが。

「お前が生まれた日からな、お母さんはどんな思いで育ててきたかわかるか。先生はお前のお母さんじゃないけどよくわかるで」。こう問いかけるのである。

「お前も最初は赤ちゃんやった。歩けないよな。その歩けない赤ちゃんでも移動せなあかんよな。そういうとき、お母さんはどうしてきたと思う。ちっちゃいお前を抱きかかえて動いたんや。そのお母さんの腕の感覚、覚えていないんか」

もうお母さんはボロボロだ。流れた涙でマスカラがはげ、まるでツタンカーメンみたいな形相になっている。すると子どももお母さんが泣くのを見て一緒に泣く。これでいいのである。子どもが泣いたら十分なのだ。

「お前な、自分の命をライオンにやってでもお前を守ろうという人間が泣いている。そんな大事な人間を泣かせてそれでお前は平気なのか」

実際に泣かせているのは私であるが。お母さんはライオンの話に泣かされ、勉強しない子に泣かされている。ここではもうゴッチャになっているのだが、子どもは泣きながら話を聞いている。

「どうや、ふだんのお前の生活はどうなんや。お母さんは、お前のことが心配や。勉強？　もちろん大事や。入試合格？　そりゃあしてほしい。

でもお母さんの本音の本音を言えばな、別に入試の結果なんてどうでもいいんや。お前が幸せになってくれたらそれで十分なんや。そのために、人生には懸命に頑張って、決めた目標に向かって走らなあかんときがある。今がその時なんや。

そしてお母さんは、そうやって走るお前の姿を見たら、もし自分が死んでいなくなったあとでも安心やと思えるんや。ところがどうや。お前は今そうなっているか」

「いいえ」

子どもは答えるが涙でクシャクシャだ。

「なってないよな。だったら明日からどうする？」

これでグッとモチベーションが高まる。小さい子でも「頑張ります」と答えて、少なくとも一週間は別人のようになる。言葉ひとつで人は走り出すのだ。

◇相手を叱るときにはさらに工夫が重要

三者面談の事例では保護者の存在があったが、普段は生徒に対して直接叱責をおこなうことになる。宿題を連続してサボる。授業中、集中せずに私語ばかりする。こういった事態に直面すると、相手の幸せを本気で願うなら放置などできるはずがない。

こういう場合、新人講師には基本的に、みんなの前で叱責せず、授業終了後にその生徒を呼び出して、マンツーマンで対応するように指導していた。人間関係が太くなければ見せしめのように感じる場合があり、そうなってしまうと修復が難しいからだ。

相手を叱るのは難しい。誰でも叱られるのは気分のいいものではないからだ。時折、会社でもガミガミ叱ってばかりの口うるさい上司がいるが、叱ったことでちゃんと効果が出ているかを検証する必要がある。もし、効果が表れていないのであれば、単に嫌われているだけになっていると思ったほうがいい。そして特に「嫌われたくない」という意識が強くはたらくとき、相手を叱るということに恐怖さえ感じる場合もある。

しかし、知っておいてほしい。人間関係がニュートラルなときに、叱ることで相手が自分のファンになってくれる叱り方があるのだ。そして、この人にもっと叱られたい！　と思ってくれたら、叱ることの効果は絶大だ。もちろんこのときにも大きな役割を担うのが、感動である。

◇叱るときには、相手の魂に訴えかけろ

その日もA君は宿題を忘れ、授業中の私語をやめなかった。そこで私はこう切り出した。

「A君、いま何時だ？」

「え、8時半です」突然の問いかけにクラスはしんとなる。

「おお、今日も暮れていくな。ところでこの時刻、お父さんは家に帰っているか？」

「いえ、まだだと思います」

「まだか。遅いな。じゃあお父さんはどこにいるんだ？」

「会社だと思います」わけが分からないままA君は答える。

「会社で何をしているんだ？」

「仕事です」

「そうか、仕事をしているのか。ところでお父さんは今朝、何時に家を出たんだ？」

「7時です」多くのお父さんの朝は、私たちと違って早い。

「7時か。ということはお父さんは12時間以上、仕事をしているんだな。何のために仕事をしているんだ？」

「お金を稼ぐためです」

「そうか。そうだな。それでそのお金はどういうことに使っているんだ？」

「え？　それは……ご飯を食べたり、服を買ったりしています」

「そうか。この塾に来ているのはどうだ？」

「……それにも使っています」

「なら、今月の月謝はいくらか知っているか?」

「え?……いえ……」親が払っている塾の費用を知らない子は多い。

「知らないのか。まあいいだろう。ということは、いまA君のお父さんは、君がこの塾に来るために働いているんだな」

「はい」クラス中が静まり返ってやり取りを聞いている。


「じゃあ、お母さんは今この時刻、何をしている?」

「たぶん、ご飯を作っていると思います」夜遅く帰るわが子に合わせているのだ。

「ほう、ご飯か。誰のために作っているんだ?」

「僕のためです」

「おお、そうか。じゃあ、家に帰ったら温かいご飯やみそ汁があるのか。いいなあ。いま、お母さんはどんな気持ちでお前のご飯を作っていると思う?」

「……」このあたりから返事がなくなる。

「お母さんはおそらくこう思っているぞ。お前がこんなに夜遅くまで、塾で勉強を頑張っている。私は代わってやることができない。ならばせめて、家に帰ってきたら温かくて栄養のあるものを食べさせてやりたい。

お父さんは、朝早くから夜遅くまで、疲れた身体にムチ打ちながら、それでも自分が働くことで少しでもお前にいい教育を受けさせてやりたい、それがお前の幸せにつながるのなら自分は満足だ、きっとそう思って働いてくれていると思うぞ。

お前が生まれてから、お父さん、お母さんはお前の幸せだけを願って生きてきた。今この瞬間、お前の学習姿勢は、そんな人たちの想いに応えるものになっているか？」

「……いいえ」周りの生徒には、既に泣き始めている子もいる。

「例えばA君に病気が見つかったとしよう。難病で臓器移植をしないと治らない。それには、ドナー登録をしている人が亡くなるのを待つしかない。でも、お前の命は一刻を争う状態だ。先生は残念だが臓器をあげることはできない。命は一つしかないからだ。しかしそのとき、自分の命などいらないから、私の臓器を移植してくださいと、一瞬の迷いもなく命を投げ出して、お前を救おうとする人間がいる。誰かわかるか?」

「……お父さん、お母さんです」嗚咽しながら答える。

「なあA君。命に代えてでもお前を救おうとする、そんな人間がいま、この瞬間、お前に願いを込めて仕事をし、ご飯を作っている。その熱い想いを簡単に裏切るような、そんな人間にだけはなってほしくないんだ」

もう、あちこちからすすり泣きが聞こえてきて、いま誰かが授業見学に入ってきたらおそらく通報されるかもしれないという状態だ。しかし、これでいい。ひとしきり泣いた彼らは、「さあ、授業を再開するぞ」という私の一言に、真剣なまなざしで頷き、終了のチャイムまで私語は一切なくなる。

心に響く叱り方は、叱る方にも叱られる方にもエネルギーを与えてくれる。だから会社でも家庭でも、叱責のあとでどちらかが気分を害するのであれば、それは叱り方に工夫が足りないのだ。叱るという行為で相手との絆がますます強くなる。そんな叱り方こそ、双方の人生を豊かにしてくれるのだ。

2　ポジティブトークとネガティブトークのバランスに注意

◇ポジティブとネガティブは表裏一体

ご存知のように、言葉にはポジティブなものとネガティブなものがある。

もしこの世界がポジティブな言葉だけで埋め尽くされてしまうと、誰もそれをポジティブと感じられなくなり、効果は消えてなくなる。つまり、ポジティブな言葉をポジティブなものとして受け取るには、どうしてもネガティブな言葉の存在が必要なのだ。

物事はすべてこのように表裏一体で存在しており、そのバランスの中で息づいている。だから片方を切り捨てようとすることは、自然の法則に反することになり、課題が生まれやすい。

豊かな人生のためには、壁の存在は無くてはならないものだと先述したが、それも幸せと不幸は表裏一体だからである。つまり「毎日が幸せなら、毎日は幸せと言えなくなる」のだ。

ポジティブトークはときに人を勇気づけ、ココロにエネルギーを注入してくれる。しかし同時に、油断や慢心を運んでくることがある。

ネガティブトークはときに人を傷つけ、ココロをくじいてしまうことがある。しかし同時に、緊張感をもたらし、危険を回避させてくれることがある。

「あちらの海域で泳ぐ方が快適ですよ」(ポジティブトーク)

「この海域はサメが出ますよ」(ネガティブトーク)

この状態であれば、ほとんどの人が後者を言ってほしいと思うはずだ。ならば、基本的には、何かを伝えるときに両方のトークを織り交ぜるというスタンスを持つとバランスがとれるということになる。

つまり、課題に直面している人に対して「あなたなら必ずこの難局を突破できる」というポジティブトークに加えて、「でも、いま直面しているのは非常に厳しい現実だ」というネガティブトークを同時に放つのである。このとき重要なのは、順序である。

◇あと重（おも）の法則

不思議なもので、言葉というのは後に付け加えたものに比重がかかる。次の2文を比較してほしい。

①「Aはダメだが、Bは素晴らしい」
②「Bは素晴らしいが、Aはダメだ」

どちらも内容は同じだが、伝わり方がまるで違う。①はBの素晴らしさが強調され、②はAの欠点が誇張されている。このように、ポジティブトークとネガティブトークを同時に放っても、その順序によって伝わる内容が変化する。

だからもし、励ましたいのであれば、（ネガティブトーク）→（ポジティブトーク）の順序で伝えるといい。

「今回の成績は確かに悪かった。しかし君には驚くべき潜在能力がある。それが発揮できればこの課題は必ずクリアできる。安心して頑張れ」

逆に引き締めたいのであれば、（ポジティブトーク）→（ネガティブトーク）の順序で伝えるのだ。

「確かに君には驚くべき潜在能力がある。それが発揮できればこの課題は必ずクリアできるだろう。しかし、今回の成績を見ると不安が残るぞ。気を緩めるな」

言葉には心を支配する魔力がある。たとえば親や友人、知人が何気なく吐いたひと言で傷ついたり、苦しんだりしたということはたいていの人が体験しているだろう。ましてや上に立つ人間の言葉は影響が強い。

しかし、このように、両方の言葉を同時に放つことで、受け取る側が「おだてられている」とか「欠点ばかり指摘されている」といった偏った感覚を持つことはかなり回避できる。

ただ、これはあくまで技術だ。ここで最も大切なことは、どちらの順序で伝えるにせよ、相手のことを真剣に思う「愛」の床がなければ、それは「巧言令色」「誹謗中傷」となり、良好な人間関係は築かれないということだ。やはり基本は愛なのだ。

◇ポジティブ＋ネガティブ新人育成法

私のいた塾を例に新人講師の育成法をちょっと紹介しよう。

最初に新人講師に授業をさせるのである。もちろんそこに生徒はいない。私たちの前でまず模擬授業をさせ、そして終わったら感心しきりという顔でこう言う。

「君、講師の経験あるのか？」

未経験とは思えないほどうまいという意味である。もちろん本人は「いいえ」と答える。本当は声が小さく表情も硬く、全部ヘタクソである。でもまずポジティブトークで褒める。絶対にけなさない。

「表情がいいなあ、人前でそんな豊かな表情でしゃべれるヤツはあんまりいないでなあ？」

横にいる副部長に水を向ける。「本当、そうですよ」。慌てて眼を白黒させ、心にもない答えを返す。全くの強制だ。

「声もすごく出ているし、ほんと、どこで勉強したの？　すごいなあ、素質あるわ。今年は大型新人の豊作やなあ」

こんな調子で褒めちぎるのだ。そこですかさずネガティブトークとは感じられないように新しい課題を出す。

「よし、君ほどの力量があるなら、いきなりレベルアップといこう！　来週はこの倍の広さの大教室で授業をやる設定にチャレンジするぞ。最後尾の生徒にまで、君の豊かな表情と良く通る声を届けてやってくれ。期待の星やでえ、君」

すると次の模擬授業では格段の進歩を見せる。小さかった声がよく通り、乏しかった表情もぐっと豊かになる。声がいいと言うならもっといい声を出そう、表情がいいと言うならもっといい表情をしてみよう。褒められたことを意識して、自発的に一生懸命研究してくるからだ。

そうやって進歩したらやはりまた「オーッ、これは大進歩。人が変わったみたいだ」と褒める。そして同時に課題を指摘する。「ここまで来たか。スゴイな。じゃあ一点だけ、ここをこうするとさらに素晴らしい授業になる」と言うのだ。

はっきり言って面倒くさい。しかし自分が新人だったころを思い出して、その面倒くさいことをいとわずにアプローチをかけてやる。自分の時間とエネルギーを相手のために使う。これが愛だ。

◇自己満足トークはマイナスが大きい

私の思うところ、会社でもやはり同じではないか。

「おっ、意外に書けているな。すごいなあ。いつの間に研究したんや。なかなかきちんとした企画書は書けるものやない。素晴らしい。このレベルまで仕上がっているならあと一つ、ここのデータを示すとさらに説得力が増すと思うが、どうや」

こんなふうにやれば部下はやる気を失うことなく、むしろ指摘をありがたがって聞くかもしれない。

そうなれば、もちろん次は指摘された点を素直に改善し、もっと良い企画書を持って来るだろう。このほうが部下の成長という本来の目的に間違いなく叶う。もし、このようなアプローチができないならば、それは自分の不機嫌な気分を発散させたい、偉そうにポンと決めつけてやりたいといった気持ちが優先している可能性が高い。

家庭でも全く同じことが言える。親は子どもの将来を考えたつもりでいろいろ言う。しかし、たいていはネガティブトークのみの雨アラレだ。それで子どもは親の考えるように行動するだろうか。

「なんでまたゲームなの？　ダラダラやってたら宿題は終わらないで」

「そんなんで合格できると思ってるんか？」

ガミガミやられて子どもは机に向かうかもしれない。しかし本当に勉強する気になったわけではない。実際の効果のほどは、親自身が子どもだったときのことを振り返ればよくわかる。ネガティブトークだけでは効果は半減なのである。

◇失言をしてしまったら「肯定打ち消し法」でリカバーせよ

言葉はウソをつく。人間は複雑な心理を持っていて、ときに思っている本心とは全く別の言葉を発してしまう。

例えば小学生のわが子の帰宅時間がいつもより遅いと保護者は心配する。ところが待ちくたびれてやっと帰ったという瞬間、素直に「心配してたよ、無事で良かった」と伝えてから「どこに行ってたの？」と言えばいいのに、ともするといきなり「どこ行ってた！」ととがめる口調になる。

ヘタをすればゴツンと拳骨のひとつも食らわせる親だっているだろう（行動までウ

ソをつく)。せっかくうれしいはずのことがケンカの元にもなりかねない。言葉と胸の思いとは出てくる場所が違うせいである。

だから塾でも勉強の意欲に欠ける子がいると、つい「お前のように努力をしないヤツは、塾をやめたらイイ」なんて言ってしまう講師がいる。もちろんやめたらいいなんて毛頭思っていない。あくまでもそんなことにならないように頑張ってほしいという意味のウソだが、言われるほうはショックである。

実際私は、新人講師のとき、中学三年の受験生に「お前みたいな努力しないヤツは落ちてしまえ」と言い放ってしまった。このときは本当に後悔した。

入試までたった一週間という時期である。言われた男の子はワーッと泣き出した。慌てて「すまん、先生が言い過ぎた。悪かった」と謝ったものの、何を言ったところでもう遅い。言えば言うほど、むしろ火に油を注ぐようにダーッと涙を流して、私を見つめながら泣くのである。

彼が帰ったあと私は祈るような気持ちでお宅に電話をかけた。出たのはお母さんである。

「先生、長い間お世話になりました。うちの子は先生のことが大好きでした。何も申し上げることはないので、あとはそっとしてやってください。本当にお世話になりました」。

これだけ言われた。いっそう失敗が身に染みた。結局、生徒は退塾した。

ところが先輩講師があとでサラリと言った。

「木下。そういうときは『肯定打ち消し法』を使うんや」

若かった私はその意味を知らない。

「確かにやめてしまえと言った。でもなぜ先生がここまでひどいことを言うかわかるか？　お前のことを本気で心配しているからや。このままだと本当にやばいぞ。でも今から本気を出せばまだ間に合う。二度とこんなこと言わすな……とこう言えばいいのに」

逆に私のように吐いた言葉を撤回する「否定打ち消し法」ではむしろ相手の傷を深くする。正しくは「やめてしまえ」という言葉は否定せず、そこまで言わせた本心を説明して「打ち消す」のである。

今は私も自分なりにこう説明できるが、先輩に教えられたときは「そんな技術があるなら最初に教えておいてくれ！」と悔やんだ。そしてこの出来事には、感動のアプローチができるようになるためのヒントが隠されていた。

4章

人生を豊かにする視点

1　現象に惑わされず、本質を見抜く

◇現象は目に見えて変化し、現れては消える

例えばおでこにニキビができたとしよう。膿んでしまうとシャレにならない。というわけで薬を塗る。

やがてニキビは消える。すると今度は頬にできる。また薬を塗る。消える。しかし、今度は顎にできる。どうしてか？

この場合、ニキビは「現象」である。「本質」はニキビのできやすい体質だ。もちろん膿まないように、ニキビへの対応は重要だ。しかし、「現象」ばかり追いかけても、

ニキビは場所を変えて現れ続ける。

「本質」である体質に切り込まなければ、いつまでも「現象」に悩まされるということだ。そして、始末の悪いことに「現象」は見えるからすぐに気付く。

しかし「本質」は見えないので気付きにくい。そしてなかなか変化しない。


人生では、「現象」に惑わされるとあっという間に時間が浪費される。いかに早く「本質」を見抜けるか。この視点を常に持ち続けることで、有限である「時」を味方につけることができる。


では、どうすれば「本質」を見抜く眼を持てるのか。その方法はただ一つ。

目に見えるものはすべて「現象」だという意識を常に持ち、その裏にある「本質」は何か？　と考えようとすることである。

例えば、組織に寄せられるクレームは目に見える。だから「現象」だ。対応は重要だが、それに追われると、いつまでも形を変えて現れ続ける。「本質」はクレームを生み出す組織風土にある。風土は目に見えない。そしてなかなか変化しない。一刻も早くそこに切り込むのだ。

水や氷は目に見える。だから「現象」だ。「本質」は空気だ。空気は見えない。この訓練を続けていると、やがて「本質」が見えてくるようになる。ちょっと練習してみよう。


車の購入を考えている人がいるとしよう。車は目に見える。だから「現象」だ。その人が購入しようとしている「本質」は何だろうと考える。プライドかもしれない。時間かもしれない。家族との絆かもしれない。

相手によって答えは違うが、それを見抜くことができれば、自然と営業トークも変わってくるだろう。

塾に我が子を通わせる保護者は「成績を上げてほしい」「志望校に合格させてほしい」という。成績の向上も志望校合格も目に見える。

だから「現象」だ。「本質」は我が子の幸せを願う親心である。それを見失った塾は未来が危うい。

私たちの周りには「現象」が溢れている。常に「本質」を見抜く眼を持ちたいものだ。

◇感動のアプローチをするには本質を見抜け

人が感動するときの代表的なアプローチを3つお伝えした。

1　無意味→意味付加
2　複雑→単純
3　見えない→見える

実は、これらはすべて「本質」を伝えたときにおこる。だから「本質」を見抜く眼を養うということは、感動のアプローチを行うための訓練なのだ。

心に響く叱り方で紹介したアプローチも「家に帰れば用意されているご飯」という目に見える「現象」の裏にある「母親の愛」という「本質」を伝えることで、感動を引き起こしている。

人間が感情の生き物である以上、この感情を揺さぶる力が、どれほど相手に大きな影響を与え、行動に駆り立てるかは多くを語る必要もないだろう。そしてこの力は、例えばクレームを伝えるときにも、クレームを受けるときにも利用できる。

◇クリスマスプレゼントに託された本当の願いとは？

クレームの話になると、クリスマスに起こったある出来事を思い出す。今ではもう社会人になった我が子が、まだ幼稚園に通っていたときのことだ。

我が家では、子どもたちが小さい間は、彼らの夢を大切に育むことを第一義に考えていた。夢というのは空想の世界である。空想する力とは、見えないものを見ようとする力につながる。

急に現実的になって申し訳ないが、数学で立体切断の問題などは、目に見えないものを想像できる力の有無が得点を左右する。だから、決して私がロマンチストだからという理由ではない。

というわけで、クリスマスに届くプレゼントはサンタからのプレゼントであることが重要で、決して親からの贈り物であることがばれないよう慎重に事を運んでいた。

その年、息子には戦隊ヒーローモノのロボット、娘には子ども用コンピュータという人気のあるオモチャをプレゼントすることになった。イブの夜、そのプレゼントを枕元に置き、私と妻は彼らが翌朝、どんなに喜んでくれるかと想像をふくらませた。

もちろん結果は大成功。目を覚ましてプレゼントを発見した子どもたちは大喜びし、作戦は大成功と喜んだ。

ところが良かったのはそこまで。ロボットはいいのだが、娘の子ども用コンピュータが動かない。何度も電源を入れ直してみても機械がウンともスンともいわないのである。

さっそく買った玩具店Ａに、こっそり電話を入れることにした。すると電話に出てきた責任者なる人物はこう答えた。

「ああ、子ども用コンピュータですね。それは私ども販売店の責任外なので、すみませんがメーカーに直接話してもらえないでしょうか」

メーカーはB社である。売った店の責任は感じないのかと不満ながらも、告げられた電話番号にかけてみた。

ところが何度電話しても話し中でつながらない。それこそ一五分刻みほどの短いインターバルで、夕方前まで繰り返しかけてもダメだった。

一度、試してみるとよくおわかりになると思うが、得てしてメーカーのクレーム受付窓口というのはつながりにくい。その上、二五日のクリスマスということが災いした。娘は泣き出してしまい、母親から「我慢しなさい!」と叱られる騒ぎとなった。

しかたなくもう一度、玩具店Aに電話した。今日中にどうにかしたくてワラをもつかむ心境である。

するとと電話口に同じ責任者が出た。そこでフッと私にある思いが浮かび、こう切り出した。

「お忙しいところ、修理だなんだと言いだしてすみません。木下と申します」

「ご迷惑をおかけして申し訳ありません」

ここまではお互い、まあ儀礼的な挨拶である。しかし恐縮した言葉の奥で、相手は再び電話してきた私がどんな要求を言い出すか身構えていたに違いない。そこで私は言った。

「メーカーさんの窓口ですが、今までお電話してみましたがつながりませんでした。でも、もう修理とかはいいんです」

「はあ？」

まさかの言葉に相手は思わず拍子抜けした声を上げたが私は続けた。

「お電話したのは、ひとつだけあなたにお伝えしたいことがあったからなんです。私があなたの店で買ったもの、それは何だかおわかりですか？」

「はあ……」

相手にすればますますわけがわからない。ここからが私の本意なのだ。

「現実には存在するはずのないサンタの国が子どもたちの心のなかにあります。子どもたちはサンタクロースがいると信じながら、一方では本当にサンタはいるのか、本当にプレゼントを持ってきてくれるのかと不安も抱きつつ、イブの夜はサンタが来るのを見届けようと夜更かしして待ち続けます。

でも睡魔には勝てず、彼らはついにサンタに会うことはできないのですが、翌朝、枕元にプレゼントを発見して喜びます。プレゼントというモノを手にしたからだけではありません。ああサンタは本当にいたんだ、サンタの国は本当にあったんだと確信できたからです。

信じることができれば心を思いきり夢の世界に遊ばせることができます。その夢と感動を私は買ったんです。オモチャというモノを買ったのではありません。どうかそれだけはわかってほしい。それが伝えたかったことです」

オモチャは「現象」であり、「本質」は別のところにある。その「本質」を知ってもらいたくて、だから思いを込めて話した。すると沈黙が続いたあと、ひと言相手が言った。

「少しだけ私に時間をください」

◇想像をはるかに超えた届けもの

「はあ?」

今度は私が戸惑いの声を上げた。彼は言った。

「お買い上げの品は超人気商品で、お取り替えしようにもウチの店には在庫がありません。しかしほかにも支店があるので、問い合わせしてみます。探せば一つくらいは見つかるかもしれません。できれば今日中にお宅へお届けしたいと思います」

木に竹を接いだような最初の受け答えとは打って変わり、まるで奇跡ではないか。

思いもよらない言葉に私は驚き、思わず「無理はしないでくださいね」と言った。実はその好意だけでも胸にグッときた。

四時間ほどたった夜の九時頃である。うまく見つかるかどうか不安な気持ちで待っていると、玄関のチャイムが鳴った。

「来た！」

急いでドアを開けたところ、確かにコンピュータの箱をわきに抱えた責任者の方が立っていた。

驚いたのはその姿だ。私は漠然とスーツ姿を想像していたのだが、なんと彼は上から下まで真っ赤な服を着ていた。

「えっ、サンタ？」

サンタクロースそのものだったのである。思わず間の抜けた声を発した私に彼は言った。

「はい、サンタが来ました。お子さんを呼んでください」

「わっ、サンタだ」

すでにパジャマを着て寝支度を始めていた子どもたちは喜び、サンタの周りを飛び跳ねた。サンタはひざを折ってしゃがみ込み、娘にプレゼントを手渡しながら謝った。

「ごめんね、サンタのおじさんは忙しくてね、壊れたプレゼントを持って来ちゃった。これはちゃんと動くよ。おりこうにしてたら来年もまた来るからね」

子どもたちを部屋に帰したあと私は言った。

「よくぞ子どもたちの夢をつないでくれました。こんな格好までして、お恥ずかしかったのではないですか？」

するとと彼は首を大きく横に振った。

「いいえ。先ほど木下さんが言われた、売っているのはオモチャではない、夢と感動であるという言葉、実はそれこそが我が社の理念なんです。忙しさにかまけてすっかり忘れてしまっていたんです。申し訳ありませんでした」

こう言って私の前で泣いたのである。私ももらい泣きし、こう言った。

「こんな素晴らしいクレーム対応を受けたのは初めてです。私は今後、どんなことがあっても、あなたのお店でオモチャを買いたいと思います。ありがとうございました」

ついさっきまで、二度とこの店では買わないと思っていた私は、このクレーム対応を受けてすっかりファンになってしまった。

彼は「本質」を見抜くことで、サンタの服で届けるという「現象」を生み出した。

いつもこんなにうまく事が運ぶわけではないだろう。

しかし、もしあなたが相手にクレームを伝えたいと思った時、少し立ち止まってどんなアプローチをとるのが最適かを考えてほしい。自分が望む「本質」は何なのか？ それをどう伝えると効果的なのか？

感動はたまにこんな奇跡を呼び、それがまた感動を紡ぎ出していく。

◇クレームを受けたときにも、本質を見抜け

この感動の力は、もちろんクレームを受けたときにも効力を発揮する。

塾では講師も厳しい競争にさらされていたが、生徒も同様であった。授業前に必ず前回の授業内容から復讐テストが実施される。これは範囲が狭いから、努力すれば高得点が狙えるテストだ。

それに加えて毎月、公開テストという範囲指定のない実力テストが行われる。このテストは蓄積された力がモノを言う。この2種類のテストを半々の比率で計算し、2か月に一度のクラス替えが実施されるのだ。

クラス替え発表の日、教室は悲鳴と歓声が交錯する。親の期待を小さな肩に受け、彼らにとっては死活問題なのだ。だからその翌日などは、クラスが下がった生徒の保護者からの面談申し込みが殺到する。そんななか、私には忘れられないクレームがひとつある。

中学2年生のY君は、夏休み前のクラス替えで、僅差ではあったが、ランクが下がってしまった。とても明るく聡明で塾の授業が大好きな彼だが、気を抜くと怠けてしまう癖がある。

それでなくとも中学2年生という学年は、中だるみしやすく、真面目にコツコツ頑張る子とそうでない子の差がつきやすい。しかも、夏前のクラス替えでランクを下げたものだから、夏期講習は下がったクラスで受講しなければならない。

これがさらなる遅れにつながるのではないかと心配になったY君のお父さんが面談にやってきた。


Y君の家庭は、教育に関して、いつもお父さんが決定権を持っている。そういうお父さんは得てして教育熱心で、こちらに対する要望もしっかりと伝えてくる。

「クラスが下がるのは規則だから仕方がないが、せめて今までのクラスで行われているプリントだけでももらえないか」「今までのクラスの授業を録画させてもらえないか」など、かなりの危機感が伝わってきた。

とにかく夏期講習は復習が中心だから、遅れをとる心配は少ないこと、この機会に基礎固めをすることで、夏休み明けには上位クラスへの復帰が十分可能になることを丁寧に説明し説得を試みた結果、「では先生、どうぞよろしくお願いします」「わかりました。お任せください」と不承不承ながらも納得いただき、とりあえず何事もなく夏が過ぎ、次のクラス替えがやってきた。

「木下部長、ちょっとお話があります」

当時部長だった私に、生徒情報管理部のスタッフが声をかけてきた。

「Y君のクラスの事ですが……」

「どうだ？　上がったか？」

「いや、そうではないんです。実は前回のクラス替えで、点数入力にミスがあったことがわかりました。Y君、本当はクラスは下がっていなかったんです。今回の集計で判明しました。申し訳ありません」

「なんだって？　じゃあ、Y君はこの2か月、本来のクラスではない下のクラスで受講してたということかっ？」

「そうなります……」

「ウソやろ？」
——叱るときには、相手の魂に訴えかけろ——　などと、いつも新人講師にえらそうにうんちくを垂れている私もさすがにカーッとなって声を荒げた。
「何をやってたんだ！　チェック体制はどうなってたんだ！」

しかし彼らを責めても事態は好転しない。あれほど不安になっていたお父さんを面談で説き伏せ、なんとか納得してもらったのに、今頃になって「あのクラス替えは間違いでした」など、どの面下げて言えばいいのか……頭を抱え込んだ。

だが、選択の余地はない。正直に話すしかない。謝罪する際の基本である。ミスをすれば当然世間から非難される。しかし正直に言って謝罪すれば、最後は許してくれる。世間が決して許さないのはウソをつくことである。

その日、Y君のお父さんに電話を入れた。受話器の向こうから静かな怒りが伝わってきた。そして翌日、三者面談ということになった。私はひたすら考えた。今回の件に関して、相手に非はない。全面的にこちらの落ち度だ。つまり、お父さんからのクレームは当然である。しかし、クレームはあくまで現象だ。この本質は何だろうか…そして一つの結論に至った。

翌日の夕方、Y君を連れたお父さんがやってきて、いきなりキツイ一撃が放たれた。

「先生、どういうことですか」

「お父さん、本当に申し訳ございませんでした」

「この塾のパンフレットに、『その時点での習熟度に応じたクラスで授業が受けられる』とありますなあ。これ、ウソですか？」

「お父さんのおっしゃる通りです。申し開きのしようもございません。当方のミスで大変なご迷惑をおかけしてしまいました。本当に申し訳ございません」

「いやいや先生、謝ってもらう必要はないんです。ただ、一つだけお願いがあるんですわ。時間を戻してください」

これには参った。確かに普段から、はっきり要望を伝える方ではあったが、ここまで言わせてしまうほどに怒りが燃え上がっているとは思っていなかった。これは対応を間違うと火に油を注ぐ結果になりかねない。

だが、悪いのはこちらである。私は慎重に言葉を選んで話し始めた。

「お父さんのお怒り、本当にごもっともでございます。この度のミスは、情報管理部のチェック体制の不備が原因でした。

今回の事態を受けて、すぐに体制を変更し、すでに新たなマニュアルのもとで成績処理を行っております。今後は二度とこのようなことを起こしません。

まずは、今回大変なご迷惑をおかけした原因と対応についてお伝えいたしました。本当に申し訳ございませんでした」

ここまでは、定石通り。ここからがパラダイムシフトの力を借りるアプローチである。

「でも、お父さんが今日、お忙しい中、わざわざお時間を割いて、お叱りに来てくださったのは、成績処理にミスがあったからではございませんよね」

◇お父さんのクレームの本質とは?

ここでお父さんは「ん?」と表情を変えた。今まで、険しい表情であったのが「こいつ、何を言い出すんだ?」という疑問の表情に変化し、次の言葉を待っている。

「お父さんがお怒りである本当の理由は、成績処理のミスがあったことではなく、本来なら2か月間、受けられるはずであった授業を受けられなかったことによる、息子さんの受けた心の傷。これに対してお叱りをくださっているのですよね」

Y君の受けた心の傷は目に見えない。つまりこちらが本質だ。

そして、クレームをつけている本人もその本質に気付いていないことが多い。よってその本質を示し、相手がパラダイムシフトを起こした瞬間に、その本質に対する対応を一気に提示する。ここは時間との勝負だ。なぜなら時間が経つとパラダイムシフトの効果が薄れてくるからだ。

お父さんは大きく目を見開いた。

「お、おぉ。そ、そう。その通りですわ。その心の傷ですわ。で、どうしてもらえるの？」

トーンがいきなり変化した。それまでは、どんな提案も拒否されそうな雰囲気だったのが、その垣根が下がったのが伝わってきた。

「お父さんのおっしゃる通り、時を戻すしか完璧な解決策は見当たりません。でも、お分かりのように私にその力はございません。

そこで、一つご提案があります。Y君が本来受けるはずであったすべての授業を担当講師がライブで再現させていただきます。日曜日の空き時間を用いた、マンツーマンでの指導になります。もちろん受講料は不要です。

集団指導では不可能な即時の質問にもすべてお応えできる体制でのぞみます。どうか、このご提案で、本当ならばおろせるはずのない拳を収めてやっていただくわけにはまいりませんか？　お願いします」

私はおでこを机に押し付けたまま、祈るような気持ちで言葉を待った。お父さんはY君に向かって尋ねた。

「先生はこんな提案をしてはるけど、お前はどうや？」

「僕、それでいいよ。ってゆうか、めっちゃラッキーやん！　だって全先生に個別指導してもらえるってことやんか！」

Y君自身が納得してくれたことで、このクレーム対応は決着した。そして、それ以上の結果がもたらされた。

「あ、先生、顔を上げてください。なんていうか……すんませんでした。

実はわしは勉強が大嫌いで、ロクに学歴もなくて……だから息子にはちゃんとした学校行かしてやろうと思って……それで息子の勉強のことになったら、いつも見境なくなって先生に無茶ばかり言うて……でもこんなわしに先生は心で応えてくれはって、こんな提案までしてくれた。

ホンマ、おおきに。わし、ええ塾に出会いましたわ……ありがとうございます」

なんと、お父さんは深々と頭を垂れてしばらく顔を上げなかった。そしてその日以来、お父さんから無茶な要求は来なくなった。

本質を見抜くことによって生まれる感動の力を再確認した出来事だ。しかし、受けたクレームによってはパラダイムシフトを創り出せないものもあった。

◇絶体絶命だった「靴投げ事件」

数あるクレームのなかでもいちばん困り果てたのが、講師が生徒に靴を投げつけた事件である。

講師は学生で未熟だった。何でそんなことをするかと理解に苦しむのだが、教室の後ろの席に座っていた男子が騒がしかったので、つい自分の靴を壁目がけてダッと投げたのだ。

ところが靴は意外な飛び方をして、ずっと前の席にいた女子の眼にあたってしまった。もちろんその女子は何も悪くない。病院に連れて行ったら、精密検査を要するという。保護者は激怒した。

「うちの娘に何てことしてくれた！」と言われて、これまた一〇〇％こちらが悪いから何の申し開きもない。それはあまりに当然で、もし目が見えなくなったり、仮に視力が戻っても、女の子の顔に傷が残ったりしたら取り返しのつくことではない。

この場合、けがもクレームも現象で、本質は大切なものを傷つけられたことに対するやり場のない怒りなのだが、それは保護者もわかっていることで、それを伝えてもパラダイムシフトは起きない。

もう本当に暗澹たる気持ちでその講師を連れ、菓子折を下げてお宅へ向かった。すでに夜もだいぶ更けている。なかに入るやパッと土下座して「申し訳ありません」と謝った。

実は道々、講師には言い含めていた。

「いいか最初に言っておく。今日は絶対に許してもらえないぞ。それは覚悟しておけ。

だけど誠心誠意で俺と一緒に詫びるんだ。ちゃんと土下座しろ。許してもらえなくても、今日はこの菓子折を受け取ってもらえたらこれ以上のことはない。とにかく俺のするとおりにお前もやれ。絶対に勝手にしゃべるな。しゃべるのは俺が促したときだけ、俺がしゃべるようにやれ」

これくらい注意をしておかないと炎上を招くことになりかねないのだ。

そうして面会してもらったはいいが、やはりお母さんは冷たい怒りに燃えている。

「何しに来られたんですか」と言われて、土下座する頭がさらに下がった。

◇本質からベストの答えを導き出す

あとはもう細心の注意で謝意を示すしかない。言葉ひとつが命取りになる。

「すべてこちらの責任です。本当に申し訳ないと、今はそれしか申せません。

でもこうして土下座するのは自己満足ではなく、お詫びの気持ちをお伝えできるかできないか……伝わらないかもしれません。命より大事なお子さんを傷つけたこの責任は、到底負えるものではございません。よくわかってます。

でも、ひと言、懺悔したかった、それだけです。許してもらえないのを承知でやって参りました」

学生は「すみません」と言ったきり、泣き出している。

「お母さん、こんな理不尽なことはないと思います。おたくのお子さんが何か悪いことをしたならまだしも、なんの関係もないことで失明寸前まで追いやられるなんて。明日は精密検査の結果を聞きに、病院に付き添わせてください。許してもらえないでしょうか」

私がこう言うとお母さんは「付き添いに来てどうされるんですか」と問い詰める。

確かに言うとおり、そんなこと無意味だ。でも私は言うしかない。

「付き添わせていただいて、もし万が一のことがあれば、われわれ講師一同、お子さんの目となり光となり、人生をかけて手助けする決意で臨んでいます」

ここまで踏み込まないとダメなのである。

「そんなこと言って、本当に眼がおかしくなったらどうしてくれる？」なんて言われるのを恐れていたら、このクレームは絶対に収まらない。

そこでやっとお母さんも少し和らいで「とりあえず先生ね、そこまで言うんだったら来てください」と言ってくれた。


翌日、検査結果は問題なしと出た。そのとき初めて菓子折を受け取ってくれた。

「もちろんこんな物でどうこういうつもりは毛頭ございません。でもお詫びの気持ちの、これからお子さんを合格までとにかくお助けしたい、その約束の証としてこのつまらないものを受け取ってもらえたらと存じます」

私がまた切々と訴えたら、お父さんが「これを受け取らないと先生困るんでしょう？」と言ってくれた。酸いも甘いもおわかりなのだ。

私はこの大失敗を許してもらうには、勉強のフォローこそが肝心だと考えた。ケガやそのショックで彼女の勉強、つまり何とかして入試に差し支えが出ないように、ご両親に安心してもらうほかに解決はないと推測したのである。

そこで早速、いつその話になってもいいようにと持ち歩いていた、勉強の特別プログラム案を見せた。

こうやって必ず受け皿というか、落としどころを完璧に用意しておくことこそが、このような事件では、クレーム対応の基本だ。ツメの段階で「あ、その部分は持ち帰り検討して」などとやったら全部ご破算になる。

もちろん、その落としどころを提案できるチャンスが巡ってくる保証などない。でも、用意しておかなければその一瞬を逃してしまう。もちろんお金の話もする。

「お詫びのため、以降は月謝を頂戴しないと言ったら、そんなつもりではないとご立腹されるでしょう。だからいったんお振り込みいただいて、でもやはりこちらのお詫びしたいという気持ちも汲んでいただき、あとからご返金させてください」

ややこしいが相手にすれば本当にお金がどうこうということではない。だからプライドを傷つけず誠意をお金で示すにはこうするのがいちばんと考えたのである。

ご両親も「そこまで言うなら」と了承してくれて、なんとか話は一段落をみた。

このケースでは結局パラダイムシフトを創り出すことができず、私のしたことは謝ったことだけだった。そして検査結果によっては、収まりがつかなかったかもしれない。運が良かったとしか言えないのだ。

こんな場合の対応は本当に困難だ。しかし問題の本質をつかみさえすれば、いつかは相手もわかってくれるのではないかとそう思っている。

2　願望ではなく、自然の法則に従う

◇自然の法則に逆らうと、課題が生まれる

当たり前であるが、人間は自然の一部だ。だから自然の法則に逆らうことはできない。もし逆らうなら、様々な課題を覚悟する必要がある。

例えば水は高い所から低い所へと流れる。逆らうにはポンプが必要だ。しかし労力がかかる割に、すべての水を引き上げることはできない。もちろんメリットと感じられる側面もあるので良い悪いではない。

このように物理的なものであれば、少ないメリットを覚悟して、労を惜しまないと

いう選択肢もあるだろう。

しかし、これが生命や人生に関わることならそうも言っていられない。

例えばマンゴーは極寒の地では育たない。育つ土壌ではないからだ。これは自然の法則だ。

ところがそれに気付かず、何とか育てようとして化学肥料などをやったりする。この時点ですでに自然の法則に逆らっている。

仮にそれで芽が出たとする。しかし、そうやって育てた植物は根が地中深くまで伸びない。伸びなくても栄養をもらえるからだ。

根が深く張らない植物は弱い植物になり、台風が来ると簡単に倒れる。しかも弱いから病気や害虫に徹底的に狙われる。すると今度は農薬をまく。もう無茶苦茶である。

このように自然に逆らいまくってできた果物は、数週間放置するとカビが生えて、ドロドロに腐って異臭を放つ。自然のものは腐らない。枯れるのである。秋になれば野山は腐らずに枯れるのだ。

芽の出る土壌においてやれば、自然と芽は出るのだ。そして芽が出たなら、もちろん適度な日照時間の確保や水分補給等のサポートはあるとよいが、化学肥料や農薬などおそらく一切不要である。なぜならすべての命は育とうとするからだ。これも自然の法則なのだ。


人材育成にも同じことが言える。その人の芽が出ないのは、芽の出る土壌（家庭・企業風土）ではないからだ。

それに気付かず何とか芽を出させようとして、なだめたりすかしたりしながらあれこれとものを買い与えたり、習い事をさせてみるといったようないわゆる化学肥料を投入する。そうやって育った子はとても弱い人間に成長する。

弱いから友達をいじめたり、逆にいじめられたり、ゲームという害虫に徹底的にのめりこんだりする。それを見て今度は罰という農薬を与える。もう無茶苦茶である。

ゲームは目に見える。だから現象だ。これを取り上げても今度はギャンブルにはまったりする。

現象を追いかけてもいたちごっこなのだ。本質は人間としての弱さにある。ここに切り込まなければ、永遠に形を変えて現象に振り回される。

◇無条件の愛が強くたくましい根をつくる

世界で初めて化学肥料、農薬を一切使わずリンゴを実らせることに成功したのが、青森県に住む木村秋則さんという人だ。

リンゴ栽培には農薬と化学肥料が必要であるという常識を覆すのにかかった時間は実に十一年。自殺寸前まで追い込まれた時に彼は気付く。

「病気や害虫にやられているから弱っているのではない。弱いから、病気や害虫に狙われるのだ」


強い木にするのはどうすればいいのか?

なぜ、山に生えている木には害虫がいないのか？
そこで彼は気付く。

そうだ！　自然に逆らうのではなく、自然に戻せばいいのだ。

そうやってできたリンゴは「奇跡のリンゴ」とよばれ、2年間放置しても腐らず、甘い匂いを放ちながら枯れていく。
一般のリンゴの木の根が数メートルであるのに対し、木村さんの育てたリンゴの木は、根の深さが数十メートルに及ぶ。

人と植物を同列にして、どこまで語ることができるかはわからないが、私はやはり人間も重要なのは根であると確信している。
植物にとって、発芽の条件は水・酸素・適温であり、多くの植物はここに光があることでさらなる成長を遂げていく。では人間にとって、発芽の条件とは何だろうか。

多くの教え子たちを見てきて確信しているのは「愛」である。それも無条件の「愛」だ。良い行動をしたからではなく、何か成果を上げたからでもなく、まず存在を愛されること。これが豊かな土壌の根本である。そのうえで、成長を喜ぶことだ。

考えてみれば、この世に生を受けた当初、おそらく多くの人は他人と比較されるのではなく、成長を喜ばれて育ったはずだ。

昨日まで動けなかったのに、今日はハイハイができたという成長。やがて立ち上がったという成長。さらには歩き始めたという成長。これらはすべて、その子の存在に対するゆるぎない愛という床の上で、「成長を喜ぶ親の姿」を見ることにより生み出されたものだ。そしてそこには必ず感動があったはずだ。

しかしいつの頃からか、私たちは他人との比較の世界に放り込まれる。偏差値や地位や年収や仕事の能力で相手や自分を評価し、勝てば優越感に浸り相手を見下す。負ければ劣等感を感じ卑屈になる。偏差値・地位・年収は目に見える。つまり「現象」だ。追いかけるのは構わないが、本質に切り込まなければいずれ消えてなくなる。人生の本質は、あなたの生まれてきた役割に気付くことである。
役割は目に見えない。そして、他人と比較するものではない。
もちろん比較することが悪いと言っているのではない。比較は学びをもたらすからだ。

「彼はどんな訓練をして、あの技術を手に入れたのか？」
「あの規模に成長するには、どんな考え方が必要なのか？」

このような比較はあなたに成長をもたらす。この観点で比較は効果的である。しかし、比較することで人生を「勝ち組」「負け組」という分類で歩き始めるならば、その人の人生は血まみれである。ずっと勝ち続けることなどできないからだ。

思えば過去に偉業を成し遂げてきた人は、例外なく他人と自分を比較していない。
彼らは自分の生まれてきた役割に焦点をあてて、自らの成長を楽しんできた。
彼らのライバルは他人ではなく、過去の自分なのだ。そしてどんなに些細な事でも、成長には感動があるのだ。

◇人の評価にも自然の法則を適用する

この事実から、自然の法則に従った評価とは「相対評価」と「絶対評価」のバランス良い融合であることが導き出される。

現在は、学校も会社も組織のほとんどが「相対評価」を採用していると感じる。つまり組織内の他人と比較することで一人一人を評価する。

この方法はときに、成績が上位の者に慢心や油断、場合によっては歪んだ優越感を抱かせ、成績が下位の者に自虐的な劣等感を抱かせることがある。このような環境下では、人間は自らの生まれてきた役割に気付くことができない。

自然に無駄なものはない。人間が自然の一部である以上、人間にも無駄な人間はいない。つまりすべての人に生まれてきた役割がある。その役割に気付けない環境は、不自然である。

そこで「絶対評価」を軸にするのだ。つまり、昨日より今日、今日より明日、その人がどれだけ成長したかで評価を行うのだ。これなら現時点の自分の相対的な位置づけは無意味になる。日々努力を積み重ねることが評価のポイントになるからだ。

しかしこれは「相対評価」を排除しようということでは決してない。「絶対評価」だけにしてしまうと、やがて人間は、高い目標達成を追い求めなくなり「これくらいでいいや」と考え「今、ここ」を全力で生きようとしなくなる。ここで「相対評価」の力が必要になる。

「相対評価」で順位を明らかにすることで、上位の者がどのような努力をしているかが明らかになり、より効率的な成長へのヒントになる。さらに「他者の成長にどれだけ寄与したか」も評価のポイントに加えることで、互助の文化ができあがる。

こうなればしめたものである。もちろん「相対評価」で常に上位を維持していることについても評価ポイントにしてやると、かなりバランスが取れた評価方法になる。

自然はバランスを好むのだ。

◇ウルトラマンが格好いいのは誰のおかげ?

このバランスということにおいて、私たちが人生で常に念頭に置いておきたいものが陰陽の法則である。陰は陽によって支えられ、陽は陰によって支えられている。

つまり、この世で定義されているすべての事象は、その対極にある事象に支えられて存在しているという捉え方である。しかし、この概念を自分のものにすることは極めて難易度が高い。

「美を美と識(し)ったとき、醜が存在する」

もしこの世に存在するすべてが美しければ、我々はそれを美しいとは認識できなくなる。つまり「美しい」と感じる心は「醜い」存在によって支えられているのだ。

だから「醜」を排除しようとすることは、同時に「美」を「美」と感じる感覚も排除することになる。これは「醜」を好きになれという意味ではない。嫌いなら嫌いでいいのだ。そのうえで「醜」の存在を認めることだ。

ウルトラマンが格好いいのは、怪獣が存在してくれているおかげなのだ。だからといって、怪獣を好きにならなくてもいい。大好きなウルトラマンを格好いい存在として支えてくれている怪獣に感謝することである。

この捉え方はこの世で定義されている森羅万象すべてに適用される。

あなたが紙の片面を「表」と定義した瞬間、「裏」が生まれる。もしこの世に「女性」がいなければ、私は自分が「男性」であると永遠にわからない。あなたが「夏」が来たと感じたなら、それは「夏以外」の季節を識っているからだ。

人生で「幸せ」を感じたなら、それは「不幸」がどんなものかを識っているということだ。ならば、人生で不幸な出来事に直面したとき、それを好きにならなくていい。

幸せを幸せと感じることができるその感覚を支えてくれている、不幸な出来事に感謝することだ。

豊かな人生とは、幸せに埋め尽くされた人生のことをいうのではない。幸せも不幸も、喜びも悲しみも、愛も憎しみも、生まれてきたからこそ味わえるすべての感覚を味わい尽くす人生のことをいうのだ。

この感覚を自分のものにできると、物事にぶれない人生を歩めるようになる。私もそれを目指してはいるのだが、道のりは遠い。

そう考えると、感動のアプローチもすべてがそれで埋め尽くされてしまうと、感動できなくなってしまう。だから普段は無感動なアプローチでもいいのだ。ここ一番で感動を提供できる状態をつくっておくことが重要だ。

◇季節が移ろうように人生も変化する

今振り返れば、塾講師時代、私は生徒やさまざまな人たちに感動を与えてきたつもりで、実際にはむしろ感動をもらってきたのだと思う。泣かして動かすと言いながら、それを見て私も泣き、大きな力に動かされてきたのである。

だからときに、人を教える仕事の厳しさに打ちのめされそうになりつつ、一方ではたくさんの喜びや幸せに励まされ、ずっと頑張り続けることができた。素晴らしい仕事と出会えたことを最高に幸せだと思う。だがそんな講師生活にも別れのときは訪れる。

私は小・中・高生の勉強を指導してきたが、そのなかでは主に難関私立高校受験の中学生を担当し、自分でもその指導に強い思い入れを持っていた。一方、平成に入ってしばらくすると、関西では、「中高一貫の難関私立へ無理して高校から入らなくてもいいのではないか」という風潮が強くなってきた。

それまでは、中学受験の段階で希望の私立中学に入れなかった場合、いったん中学は公立に行き、高校受験で雪辱を期すというパターンが多かった。そのため難関私立高校の受験が熱を帯び、塾に優秀な中学生がドッと押し寄せた。つまりこの市場は大きかったのだ。

それが時代の流れとともに、中学入試で第一志望校に落ちたときは、滑り止めの中学に受かっておれば、とりあえずそこへ進学し、次は大学入試でチャレンジするという人が増えた。その結果として、灘をはじめとする難関の高校入試にチャレンジする中学生が減り、学校側も徐々に高校からの募集定員を減らし始め、中には募集を停止する学校も出てきた。

だったら高校受験部を無理に難関私立高校向けに絞らず、一般向けの塾に転換すればいいとも考えられる。もちろんそのことについて経営会議で何度も話し合った。しかし片や中学受験部で最難関の進学塾を標榜しながら、高校受験部だけ違うというのでは、どうにもひとつの塾としてバランスが取れない。ではどうするべきか。

役員である私は高校受験部の閉鎖を提案した。中途半端な形にして塾の経営を傾けたくなかったからである。意見がいろいろ出た末、「責任者である木下が言うのだから」ということで正式に部の閉鎖が決まった。

◇年に一回くらいは泣いてほしい

そうしていざ長年情熱を寄せてきた授業を持つことがなくなってみると、あの銀行員時代と全く同じ味気なさを私は感じ始めた。だったら小学生を担当してもよかったのだが、やはり慣れ親しんだ中学生の授業とは少し違う。

教室や入試会場、合格発表などで一緒に泣き笑いし育てるという、重大な責任から離れた仕事が自分にはどうにも許せず、熱い授業をとにかくやりたいという気持ちとの葛藤が募っていった。


それに何となく自分はそれまでずっと温室のなかにいたという思いがあった。

生徒に口先で「頑張れ、努力しろ」と言うのはたやすい。では私自身は人にそんなことを言えるほどやっているかと問われたら、まだ何かやり残しているのではないか？　という心残りの気持ちもあった。もっと自分に厳しくしなくてはいけないと感じていた。そうでなければバランスが取れない。

そこで考えてみると私が教鞭を執った難関校を目指すような進学塾では、かなり高額な月謝が必要だ。どの家庭でも払い続けられるという金額ではないから通える子どもは限られる。

親であればみな自分の子どもには頑張ってほしい、良い教育を受けさせたいと願っていながら、いくら優秀で学業への意欲にあふれ、塾に通いたいと思っても来ることができない子どもは確実にたくさんいる。


すると、元々自分のなかにあった「そうしたことを何とかしたい」という思いが、心のなかでムクムクと頭をもたげてきた。ならばちょうどいいチャンスかもしれない。生徒たちとの直接の交わりは少し置いて、今度は生徒と接する「先生たちと熱い交わりを持ちたい」と考えるようになった。

先生たちに私が自分の持っているものを伝えることによって、生徒と熱く交わり感動を創り出す。間接的ではあるけれど、そうすれば子どもたちが感動し、熱い心で頑張ってくれるに違いない。

私は先生たちに対して、年に一回くらい入試で泣いてほしいと思っている。公立の中学、高校の先生というのは入試に付き添う人が少ないからである。さまざまな環境にいる教え子たちを指導しているわけだから、受験指導だけにそんな力を割くことはできないという事情はよくわかる。

しかし実は先生たち自身も、本当は応援に行きたいと思っているのではないだろうか。

だったら行ってやってほしい。

教え子が試験に行くのである。他人ではないのである。就職の試験でも何でも一緒に行って、声のひとつもかけてやってほしい。

そして合格発表の場で一緒に手を取り喜び、涙を流せば、合否の結果は関係なしに先生たちも明日への力をもらうことになる。

私は自分が持っている技術、ノウハウを先生たちにお伝えしたいと決心し、学園を去ることにした。「ごめんなさい、学園をやめます」と申し出たら、いろいろと引きとめてくれ、とてもうれしかった。

でも、とどまることはできない。「修行に行ってきます」と言って別れを告げた。そして、それまで生徒たちに伝えてきたことを自分が実行する番がやってきたのだ。

私はアビリティトレーニングという新しいフィールドを立ち上げた。今度は先生方ひいては保護者の方の心を揺さぶることにより、間接的ではあるが教育の現場に携わることができる。

それが児童・生徒や指導者側の人生のさらなる幸せにつながるのであれば、こんなに嬉しいことはない。

終 章

人はココロで突き進む
～受験生Ｓ君の話

◇涙の「S君」高校受験秘話

紙幅も残り少なくなった。

最後に、私が講師になってまだ間もない頃に出会ったS君の話をしたい。

中学三年の夏前、確か六月頃に彼は途中入塾してきた。ちょっと変わったところがあって最初の印象は良くなかった。

まず、授業のとき机にノートを出さない。宿題を出してもノートにやってこない。数学の問題を解かせるとノートを使わずに、テキストの余白でチョコチョコ計算するので計算ミスばかりする。要するにノートを一切持ってこない。

「ノートはどうした」と尋ねると黙ったままである。

「黙っていたらわからんやろ！」

まだ若かった私はつい口調が荒くなる。

「ちゃんと言え、どうしたんやノートは?」

黙っている。

「お前な、先生をナメてるのか?」「いいえ」

ここで初めて口を開いた。

次からはノートを持ってくるよう約束させ、「わかりました」ということで私はその場を収めた。ところが翌日、やはり持ってこない。「お前、忘れたんか」と聞いても、また黙っている。

「明日忘れたらどうなるかわかっているな」と念を押して帰した。でもまた持ってこない。

カーッと頭に来て「そうやって俺に反抗する気やな。よしわかった。先生がノートをやるわ」。五〇〇枚くらいあるコピー用紙のワンカートンをバンッと机に投げ出した。「これで文句ないやろ、これに宿題を書いてこい」

すると「ありがとうございます」と礼を言うのである。拍子抜けして「なんやろ、こいつ」と思ったが、次の日はコピー用紙にちゃんと書いてやってきた。

しばらく経ち暑くなってきた頃、今度はクラスの生徒がS君を何とかしてくれと訴えてきた。「クサイ」というのである。ずっと同じヨレヨレのTシャツとジーパンを着て、それが匂うという。そういえば入塾したときも全く同じ服だった。

「S君、お前な、不潔やろ。ちゃんと着替えてきなさい。キッチリした生活がキッチリした受験生活につながり、合格につながるんや。ところで、どの学校に行きたいねん？」

すると「K学院に行きたい」と言うのである。このとき初めて彼がどの高校を受けるつもりか知った。

「お前、K学院いうたら難関中の難関やないか。そんな生活態度でどうするんや」

こう諭したが、けっきょく服装は今までどおりで改まらない。クラスの生徒たちは彼の周囲を空けて座っていた。

◇とことん使い込んだ参考書

そんなこんなで夏前の保護者面談の際、この辺りのことをキチンと保護者の方に話しておかなければと考えた。

当日はお母さんがやってきた。片手にS君の小さな弟を連れていた。髪の毛は乱れ、着ている服もくたびれてお世辞にもあまりきれいな格好とはいえない。

「いつもお世話になっております」

挨拶するお母さんに、ノートを持ってこないこと、同じ服を着て非常に迷惑がかかっていることなどを説明し「お母さん、これは一体どうしたことなんですか」と私は問いただした。お母さんはポツリポツリと話し出した。

「あの子は小学校のときから、この塾に通って勉強し、K学院に進学したいと言っていました。それがあの子の夢なんです。でも先生、大変申し訳ないのですが、うちにはお金がありません」

詳しいことはあえて聞かなかったが、夫と死別して経済的に苦しい状況にあるのだという。以来ずっとお母さんは看護の仕事をし、細腕ひとつで子どもを育ててきた。そう聞いて私は何も言えなくなった。

「先生、本当は中学に上がってすぐこちらに来させたかったんです。でもお金がなくて。中三になったら行かせてやると言って我慢させ、二年間ギリギリの倹約をして、やっと貯めたお金で途中からだけど入塾させることができました。だからノートもなかなか買えず、迷惑かけて申し訳ありません。

息子は先生からコピー用紙をいただいて喜んで使っています。ありがとうございます」

私は謝った。「すみません」と頭を深く下げ、たぶん一分くらいは上げなかったと思う。S君にも謝った。

「ゴメンな、ゴメン、ゴメンやで。俺を許してな。先生は全然知らんかった。けどお前も人が悪い。言ってくれたら良かったのに。そうか、着るものも大変なのか」

服が買えないならノートはなおさらである。このような難関校を受けるための塾には裕福な家庭の子が多い。新品の筆記具や文房具をなくしても、すぐ新しいものを買い直すためだれも探そうとしない。そういう落とし物が塾にはいつもたくさんたまっている。

そこで私は落とし物として一カ月過ぎたものを全部もらい、S君に用立てた。

「これで頑張れ。ノートも先生が持ってくるからな」

こう言って渡すとS君はとてもうれしそうな顔をする。それが私にはたまらなくうれしかった。

しかもこの塾で勉強するのが夢だったというくらいだから彼はとても熱心だった。ほかの子は参考書を何種類も買ったりしているが、S君は一冊しか持っていない。その一冊を徹底的に何回も繰り返して勉強するのである。

だからだんだん紙がまくれ上がっていき、端が何倍にも厚くなる。本がこんなふうになるなんて私は初めて知った。ついには一枚ずつはがれボロボロになる。それを私がセロテープで補強してあげるとまた喜んで使った。

◇できるヤツは質問の仕方が違う

熱心なS君だが、K学院を狙うライバルはみな中一からガッチリ勉強してきた秀才ばかりである。彼は学校での基礎的な勉強しかしていないし、それも三年になってから塾に入った。

ライバルたちにはすでにかなり水をあけられていて、入塾時の成績はほとんどビリに近い。ついていくのも難しい状態にあった。

しかし学習意欲はすごく、絶対に授業を休まない。たとえ熱が出て体が辛いときでも必ず出席しテストを受けた。

毎日夜遅くまで残り、食い下がるように私にしつこく質問をして帰って行く。

そんな生徒には私もがぜん熱くなる。若かったことも手伝いかなり入れ込んで、途中からは夕方四時に来るようにさせた。授業は七時からなので、四時からなら三時間ある。そのうち一時間だけは授業の準備もあって抜けるが、二時間は直接教えることができる。彼は喜んでやって来た。

さらに授業が終わったあとは居残りもさせ、一一時頃まで指導した。もちろん彼だけの特別待遇にしては問題になる。ほかに志願する生徒も交え一緒に頑張った。

するとだんだん成績が上がり、九月終わり頃のテストでは七〇〇人中、何とベストテンに入った。最初の成績を考えると信じがたい伸びである。

必死の努力を知っている私は「よう頑張った、よう頑張った」と、まだ入試でもないのに涙を流してしまった。生徒を泣かせるだけではない。私もよく泣く。

ただしK学院を確実に狙うには、今までやってきた基本レベルの問題集だけでなく、最高水準の問題集を勉強する必要がある。いくら彼のように基本問題で一〇〇点を取っても、K学院の入試には歯が立たないのだ。

しかし新しい参考書を買う余裕がないのを私は知っている。ほかの生徒に対してえこひいきになるからしてはいけないのを重々承知で、今回だけはこっそりハイレベルの難問を集めた問題集を買って渡すことにした。

「K学院に行くにはこれをやらなアカン。やれるか?」

こう言って手渡したところ、わずか一週間ほどで全部仕上げてきた。それも三回やって「先生、ここがわかりません」と質問まで用意していた。

できる子というのは質問自体がとても的確である。「この問題はここまで考えて、こうしてやってみたけど、どうしても答えが合わない。ここからここの間にミスがあると思うが、どこが間違っていますか」と聞きに来る。

そうでない生徒だと最初から「先生、わからない、この問題、難しくてできない」と漠然としている。

S君のような質問をされると、こちらとしても熱が入るし教えやすい。考え方の筋道を解説した上で、「こうひねるとこういう問題に変わる。そうしたらここの部分が違ってくるので気をつけなさい」と、バリエーションの説明までできてますます学力がつく。

実際、Ｓ君はさらに力をつけ、絶対に合格間違いなし、大丈夫というレベルに到達した。そして年が明け入試の当日がやってきた。

◇呆然の結末

激励のために私がＫ学院で待っていたところ、Ｓ君が真っ先にやって来た。

試験開始まで一時間もある。入試の時期というのはかなり寒い頃だから、そんなに早く来ても身体が冷えるだけでロクなことはない。

「こんな早く来てアホやな」と言いながら、彼を見ると体が震えている。それもそのはず、学生服の下は夏のＴシャツ一枚だけである。

これでは寒い。塾で用意した使い捨てのカイロを、一人一個の割りあてなのだが、八個ほどをポケット全部に押し込み、彼の右手をさすりながらこう伝えた。

「今日の試験を受けるお前にとって右手は神の手や。絶対に右手だけはおかしくしたらアカン。かじかんだら答えも書けへんで。風のないところでジッとしとけ」

K学院の試験は二日間にわたって行われる。S君は翌日も一番に現れて試験は無事終了した。できはどうだったかと聞くと「わからない」と言う。

さて合否の発表は試験翌日の夕方である。定刻より早めにK学院へ行くと、掲示板には当然ながらまだ何も貼られておらず、生徒たちもまだ来ていない。ジリジリ待っていると時間ピッタリに、合格者の名前を書いた紙が張り出された。K学院では番号ではなく名前を表示する。真っ先に私はS君の名前を探した。あった。S君の名前があった。

ほかに塾から受けた生徒の名前もたくさん載っていた。だが、そのときの私にはS君の名前だけで十分だった。同行したスタッフが生徒の名前をチェックしているうち、何だかジーンときて涙が出た。

そのうち塾の生徒たちが集まり始め、合格に喜んだり落ちて泣いたり、悲喜こもごもの光景が展開されている。私はS君におめでとうを言うつもりで待ったが、なかなか来ない。冬の夕方はすぐに日が落ちる。真っ暗になって人がほとんどいなくなっても来ないのである。

たとえ試験シーズンでも塾ではその日も授業がある。私はスタッフに自分の授業の代行を頼んでさらに待った。

やっと来たのは七時過ぎである。暗い照明にポツンと一人彼の姿が見えて、次にお母さんの姿が浮かんで見えた。あとで聞いたらお母さんの仕事が終わるのを待って来たという。

まさか私がそんな時刻まで待っていると思わなかったらしく、S君はビックリしている。

「遅いやないか」と声をかけたら「先生、どうでした?」と言う。

「何を言ってる、お前がやった結果や。自分で確認してこい。掲示板はあっちや」

すぐに走って行ったが、私が厳しい顔をしていたので落ちたと思ったらしい。

お母さんもそう思ったらしいのだが、「おめでとうございます。受かってますよ」と言うと、「先生、ありがとうございました」と言うなり泣き出した。

すぐにS君を追いかけていくと、彼は掲示板の前でうずくまり泣いていた。

「やったな、良かったな。これでお前は四月からK学院の生徒やな」

するとS君が立ち上がり、私に言った。

「先生、僕はK学院には行きません」

公立のT高校へ行って頑張ると言うのである。T高校は公立の高校としては当時も今もトップの座にある。学校としては素晴らしいが私は驚いた。

◇感動も巡り巡って自分のため

結局そのあと私に重ねて礼を言いながら、S君たちは発表会場から帰って行った。後ろ姿を見送る間、私は喉の先まで「K学院の学費、出したろやないか」というセリフが出かかっていた。

しかし言わなかった。一生懸命に生きているお母さんを見ては到底言えるものではなかった。失礼とか何とかというのではない。彼ら家族のすべてが尊いと思え、そんな人たちには必要がないと思ったのだ。

Ｓ君は最初からＫ学院に行けないことがわかっていた。それでもすさまじい頑張りで勉強し、そして合格してみせた。この上なく尊いと思う。その彼にできる範囲で好きなようにさせてやったお母さんも同じである。

私の塾講師生活のなかで、さすがにあとにも先にも、Ｋ学院高校を滑り止めにして公立高校へ行った生徒はほかに一人もいない。

難易度で言えばＫ学院は灘に匹敵する。東京なら開成クラスである。東京の人には、開成を滑り止めにして都立のトップ進学校に入るといえば感じが伝わるだろうか。すごい生徒だった。

三年後、うれしい記事を見つけた。東大と京大の合格者一覧を週刊誌が掲載し、そのなかにＳ君の名前を発見したのである。Ｋ学院の合格発表のとき以来連絡を取り合うことはなかったが、「やったな」と心で呟いた。講師冥利に尽きると思った。

K学院に行かないと聞いた瞬間、私は本当に驚き、力が抜けた。しかし「何で」と言いかけてハッと気付いた。お母さんも何かを言いかけていた。だからすぐに「そうか、わかった。そういう人生もあるよな。ええかもしれんな。で、T高校へ行ったあとはどうする、大学はどこへ行く?」と聞き直した。

確か東大だか京大だかと答えていたような記憶もある。だが、もうそれは問題ではない。

「お前はお母ちゃん孝行やなあ。頑張るんやで。しんどいことがあったら、いつでも先生に言ってこいよ」

こう言って別れ、以来今日まで互いに連絡はない。もちろんそれでいいのである。強い人間は連絡などしない。

私が心配するまでもなく、強くしっかり彼は生きている。大学合格の記事を見てそれを確認することができた。これ以上のことはない。

おわりに

最後まで読み進めていただいたことに、心からの感謝を伝えたい。

今振り返ると、進学塾の講師として駆け抜けた16年間は、人間という生き物を「勉強」という側面から探求することに必死で、あっという間に過ぎ去った感がある。

「人間はどんな時にやる気を出すのか」

この、おそらくは「永遠の課題」ともいえる事柄に、一応の答えとしてたどり着いたのは「感動的突破」と「理論的突破」を同時に起こすことであった。

前者を起こす方程式を本書では「パラダイムシフト」と名付け、実際にどう起こしてきたかの事例を書き記してきた。

後者の「理論的突破」に関してはほとんど触れることができなかったが、例えばトランプを全く知らない人に「七並べ」のルールを説明する際、いきなり「カードを模様別に1から13まで並べて……」などとやるとおそらく相手は混乱する。

わかりやすく伝えるには、まず「トランプとはどんな道具で、その構成がどうなっているか」そして「それを使って様々なゲームが可能で、その中に『七並べ』というものが存在する」といった概略から入り、詳細は後に回すというような工夫が求められる。

相手の思考が停止しないような順序で、鮮明にイメージできる明確な言葉を用い、複数解釈を排除しながら伝える技術が必要だ。

しかしこの二つの突破だけでは「人間はどんな時にやる気を出すのか」という問いに対する完全な答えには到底ならないのも事実である。

もしこれだけでやる気が出るのであれば、私が塾講師後半で指導した教え子たちはほぼ全員が第一志望校に合格しているはずである。現実はそうではなかった。

ならば本当の答えはどこにあるのか。情けないことであるが、いまだに探求は続いている。やはり「永遠の課題」なのだ。


ただ、一つ言えることがある。「感動的突破」と「理論的突破」はいずれも一朝一夕で身に付くものではない。どちらの突破も結局は相手の幸せを願い、相手のために自分の人生時間を使うという「愛」と「覚悟」が必要なのだ。

実はこの「愛」と「覚悟」こそが、相手のやる気を導く本質ではないかと最近強く感じるようになった。やはり本質は目に見えないところにあるのだろう。


塾の講師生活から、アビリティトレーニングというベンチャー会社の代表になって人生は大きく変化した。

そして立ち上げた2001年から現在に至るまで、実に多くの方々に支えられて歩いてくることができた。振り返れば、その人たちの笑顔が脳裏によみがえる。

会社を運営しながら、様々なことに直面した。

この書籍は、会社を立ち上げた当初に執筆した『ココロでわかると必ず人は伸びる』（総合法令出版）のリメイク版である。

絶版になっていたこの本を再び世に出すことを提案してくれたのは、ごま書房新社の大熊賢太郎編集長。本当に感謝しかない。

そして、それを快く許可してくれた総合法令出版さまにも心よりの謝意を伝えたい。

実は、大熊さんから「アビリティトレーニング設立以降の出来事も書き加えませんか？」とご提案いただき、書き始めてみたところ膨大な量になることに気付いた。広辞苑のような分厚い本が売れるわけはない。ということで、それは次の機会に譲ることにしようと思う。


今、私は全国各地からお招きいただき、毎日のように講演活動を行っている。

教育関係だけでなく、企業や医療関係、各種団体、全国の商工会議所や青年会議所といったあらゆる業界の皆さまからオファーをいただくようになった。

そしてすべての業界は、熱い人たちによって支えられていることを実感するようになった。

大切なものを守り、周りの幸せのために、「今ここ」を全力で生き抜く熱く格好いい大人たち。その存在を知れば知る程、「よし！　俺も頑張るぞ！」と心が熱くなる。もちろんこれからのどんな場面でも感動がすべての原点だ。そこに変わりはない。

令和元年10月

木下　晴弘

著者略歴

木下 晴弘（きのした はるひろ）

1965年、大阪府生まれ。株式会社アビリティトレーニング代表。

学生時代に大手進学塾の講師経験で得た充実感が忘れられず、銀行を退職して同塾の専任講師になる。生徒からの支持率95％以上という驚異的な成績を誇り、多くの生徒を灘校をはじめとする超難関校合格へと導く。

「感動が人を動かす」をモットーに、学力だけではなく人間力も伸ばす指導は、生徒、保護者から絶大な支持を受ける。以後10年にわたり、講師および広報・渉外・講師研修などさまざまな業務に携わる。

2001年に独立し、株式会社アビリティトレーニングを設立。最前線で教鞭を振るってきたノウハウをもとに、全国の塾・予備校・学校で、「感動授業開発セミナー」「子どもたちがやる気になるセミナー」「保護者の魂を揺さぶるセミナー」などを実施。そのセミナーは様々な分野の各企業からも「モチベーションが高まるセミナー」として注目され、2019年9月現在、受講者は350,000人を超えている。

著書に『涙の数だけ大きくなれる！』（フォレスト出版）、『子どもが心から勉強好きになる方法』（PHP研究所）、『しあわせの教科書』（アチーブメント出版）他、参考書を含め計10作。

ココロでわかれば、
人は“本気”で走り出す！

著　者	木下 晴弘
発行者	池田 雅行
発行所	株式会社 ごま書房新社 〒101-0031 東京都千代田区東神田1-5-5 マルキビル7F TEL 03-3865-8641（代） FAX 03-3865-8643
印刷・製本	精文堂印刷株式会社

ISBN978-4-341-08747-0 C0030